韩 非 子

HANFEIZI

〔战国〕韩非子 ◎ 著

光明日报出版社

图书在版编目（CIP）数据

韩非子 /（战国）韩非子著 . -- 北京：光明日报出版社，2014.7（2024.3 重印）
（光明岛）
ISBN 978-7-5112-6323-0

Ⅰ.①韩… Ⅱ.①韩… Ⅲ.①法家 Ⅳ.① B226.51

中国版本图书馆 CIP 数据核字（2014）第 069487 号

韩非子
HANFEIZI

著　　者：〔战国〕韩非子

责任编辑：秦艳丽　　　　　　责任校对：王腾达
封面设计：博文斯创　　　　　　责任印制：曹　净

出版发行：光明日报出版社
地　　址：北京市西城区永安路 106 号，100050
电　　话：010-67022197（咨询），67078870（发行），67019571（邮购）
传　　真：010-67078227，67078255
网　　址：http://book.gmw.cn
E - mail：lijuan@gmw.cn
法律顾问：北京德恒律师事务所龚柳方律师

印　　刷：北京一鑫印务有限责任公司
装　　订：北京一鑫印务有限责任公司
本书如有破损、缺页、装订错误，请与本社联系调换，电话：010-67019571

开　　本：150mm×220mm　　　印　张：12
字　　数：150 千字
版　　次：2014 年 7 月第 1 版
印　　次：2024 年 3 月第 4 次印刷
书　　号：ISBN 978-7-5112-6323-0

定　　价：29.80 元

版权所有　翻印必究

目 录

难言 ……………………………………………… 1
主道 ……………………………………………… 5
二柄 ……………………………………………… 10
扬权 ……………………………………………… 15
孤愤 ……………………………………………… 24
说难 ……………………………………………… 32
备内 ……………………………………………… 39
内储说上七术 …………………………………… 43
外储说左上 ……………………………………… 75
外储说右上 ……………………………………… 114
难二 ……………………………………………… 145
难势 ……………………………………………… 159
五蠹 ……………………………………………… 166

难言

臣非非难言也,所以难言者:言顺比①滑泽,洋洋纚纚②然,则见以为华而不实;敦祗③恭厚,鲠固慎完,则见以为掘而不伦④;言多繁称,连类比物,则见以为虚而无用;总微说约,径省而不饰,则见以为刿而不辩⑤;激急亲近,探知人情,则见以为譖⑥而不让;闳大广博,妙远不测,则见以为夸而无用;家计小谈,以具数言,则见以为陋;言而近世,辞不悖逆,则见以为贪生而谀上;言而远俗,诡躁⑦人间,则见以为诞;捷敏辩给,繁于文采,则见以为史⑧;殊⑨释文学,以质信言,则见以为鄙;时称《诗》《书》,道法往古,则见以为诵。此臣非之所以难言而重患也。

【注释】

①比:亲,亲近。

②纚纚(shǎi):有次序,有条理。

③敦祗:诚笃,恭敬。

④掘而不伦:笨拙而不成体统。掘,通"拙"。

⑤刿(guì)而不辩:锋芒太露而不善于辩说。刿:割。

⑥譖(zèn):说别人的坏话,诬陷。

⑦躁:通"噪"。

⑧史:文采胜过实质内容。

⑨殊:绝。

【译文】

臣韩非并非认为向君主进言困难,之所以难以进言,在于言辞顺从流畅、条理清晰,会被认为华而不实;诚笃恭敬、坚定周到,会被认为是笨拙而不成体统；言辞复杂、广征博引，同类似的事物比较，就会被认为是空洞无用之言；总结微细的道理，简单概述，直接且不加修饰，就会被认为是直白而不善于辩论；言辞激烈而冒犯了君主亲近的人，又触及别人的隐情，就会被认为是诬蔑而不知谦让；说得宏大广博、玄妙深远、无法预测，就会被认为是夸大而没有实用；家长里短，一一列举具体事情，就会被认为是浅薄；言论接近世俗，言辞不违背君主，就会被认为是贪生怕死而逢迎君王；言论远离世俗、用奇谈怪论喧扰天下，就会被认为是荒唐；言辞敏捷雄辩、文采斐然，就会被认为是华丽而不朴实；弃绝用文献典籍、朴实的话来表述，就会被认为是鄙俗；不时征引《诗经》和《尚书》，效法古代，就会被认为是死背古书，不懂实践。这就是臣韩非认为难以进言并十分忧虑的原因。

故度量虽正，未必听也；义理虽全，未必用也。大王若以此不信，则小者以为毁誉诽谤，大者患祸灾害死亡及其身。故子胥善谋而吴戮之①，仲尼善说而匡围之②，管夷吾实贤而鲁囚之③。故此三大夫岂不贤哉？而三君不明也。上古有汤④，至圣也；伊尹⑤，至智也。夫至智说至圣，然且七十说而不受，身执鼎俎为庖宰，昵近习亲，而汤乃仅知其贤而用之。故曰：以至智说至圣，未必至而见受，伊尹说汤是也；以智说愚必不听，文王说纣是也。故文王说纣而纣囚之；翼侯炙；鬼侯腊⑥；比干剖心；梅伯醢⑦；夷吾束缚；而曹羁奔陈；伯里子道乞；傅说转鬻⑧；孙子膑⑨脚于魏，吴起收泣于岸门，痛西河之为秦，卒枝解⑩于楚；公叔痤言国器，反为悖，公孙鞅奔秦；关龙逢斩；苌弘分胣⑪；尹子阱⑫于棘；司马子期死而浮于江；田明辜射⑬；宓子贱、西门豹不斗而死人手；董安于死而陈于市；宰予不免于田常；范雎折胁于魏。此十数人者，皆世之仁贤忠良有道术之士也，不幸而遇悖乱暗惑之主而死。然则虽贤圣不能逃死亡避戮辱者，何也？则愚者难说也，故君子难言也。且至言忤于耳而倒于心，非贤圣莫能听，愿大王熟察之也。

【注释】

①子胥:指伍子胥,名员,春秋时楚国人。

②仲尼:孔子名丘,字仲尼。匡:地名。

③管夷吾:管仲名夷吾,春秋时齐桓公的相。

④汤:指商汤,商朝的开国君主。

⑤伊尹:商汤的相,在商汤建国的过程中发挥了重要的作用。

⑥腊(xī):干肉。

⑦醢(hǎi):原意为肉酱。此处指古代一种刑罚,即把人剁成肉酱。

⑧鬻(yù):卖。

⑨膑:削掉膝盖骨的刑罚。

⑩枝解:又作"肢解",一种分裂肢体的酷刑。

⑪胣(chǐ):剖开腹部挖出肠子。

⑫阱:陷。

⑬辜射:即"辜磔(zhé)",古代一种分裂尸体的刑罚。

【译文】

因此虽然心中想的正确,君主未必会听;虽然道理完备,君主未必使用。如果大王不相信进言,那么轻者被认为是诬蔑、诽谤,重者则进言的人有灾祸甚至死亡。因此伍子胥善于谋略却被吴王杀害,孔子善于言说却在匡地被围,管仲的确贤能却被鲁国囚禁。这三位大夫难道不是贤明的人吗?是三位君主不明智啊。上古的商汤,是最圣明的君主;伊尹,是最明智的臣子;让最明智的臣子向最圣明的君主进言,尚且说了七十次也未被接受,只好亲自拿着炊具去学做厨师,慢慢亲近商汤,商汤才懂得他的贤能而任用他。所以说最明智的臣子去游说最圣明的君主,也未必一开始就被接受,伊尹游说商汤就是样例啊。让聪明的人去劝说愚昧的君主,那就一定不会被听从,文王劝说商纣王就是样例啊。以前周文王劝说商纣王,但他被纣王囚禁了;翼侯因劝谏纣王被烤死了;鬼侯因劝谏纣王被做成了干肉;比干因劝谏纣王被剖了心;梅伯因劝谏纣王被剁成了肉酱;管仲被鲁国拘禁;曹羁因劝说曹侯而逃亡陈国;百里奚在路上乞讨;傅说做奴隶时被转卖;孙膑在魏国被挖掉了膝盖骨;吴起因被诋毁而在岸门哭泣,痛心西河将成为秦国的领土,最后在楚国被肢解;公叔痤为国家举荐了栋梁,反倒被认为是叛逆,公孙鞅无奈投奔了秦国;关龙逢因向夏桀劝谏而被斩首;苌弘因向周灵王劝谏被剖开了肚肠;尹子死后尸体还被抛在荆棘丛中;司马子期死后被抛尸江上;田明受到了分尸的酷刑;宓子贱、西门豹不与人争斗却也被别人杀害;董安于死后被陈尸市集示众;宰予也被田常杀害;范雎在魏国被人打折了肋骨。这十几位士人,都是世上仁义、贤良、忠心、优秀而又懂得治国的人,不幸遇到本末倒置、昏乱愚昧的君主而死去。那么即使是贤能明智的人也逃脱不了死亡、躲避不了杀戮和凌辱,这是什么原因呢?是因为愚昧的君主难以劝谏啊,因此君子难以进言。况且至理名言听起来逆耳,而且违背自己的心意,不是贤能圣明的君主是听不进去的,但愿大王能把我的这些话反复思考一下。

主道

　　道者^①，万物之始，是非之纪也。是以明君守始以知万物之源，治纪以知善败之端。故虚静以待令，令名自命也，令事自定也。虚则知实之情，静则知动者正^①。有言者自为名，有事者自为形。形名^②参同，君乃无事焉，归之其情。故曰：君无见其所欲，君见其所欲，臣自将雕琢；君无见其意，君见其意，臣将自表异^③。故曰：去好去恶，臣乃见素^④；去旧^⑤去智，臣乃自备。故有智而不以虑，使万物知其处；有行而不以贤^⑥，观臣下之所因；有勇而不以怒，使群臣尽其武。是故去智而有明，去贤而有功，去勇而有强。群臣守职，百官有常，因能而使之，是谓习^⑦常。故曰：寂乎其无位而处，漻^⑧乎莫得其所。明君无为于上，群臣竦惧乎下^⑨。明君之道，使智者尽其虑，而君因以断事，故君不穷于智；贤者勑其材^⑩，君因而任之，故君不穷于能；有功则君有其贤，有过则臣任其罪，故君不穷于名。是故不贤而为贤者师，不智而为智者正^⑪。臣有其劳，君有其成功，此之谓贤主之经^⑫也。

【注释】

① 者：通"诸"，之。正：道理，规律。
② 形：指事物的形态。名：指事物的名称。
③ 表异：表现出违背真实情况，即伪装。
④ 素：本色。此处指实情。
⑤ 旧：即"故"，机巧。
⑥ 有行而不以贤：应为"有贤而不以行"。
⑦ 习：通"袭"。

⑧漻(liáo):通"寥"。
⑨竦(sǒng):通"悚",害怕,恐惧。
⑩勑(lài)其材:鼓励他们进献自己的才能。材,通"才",才能。
⑪正:长者,师长。
⑫经:法则。

【译文】

道是万物的始源,是非的法度。因此圣明的君主守着道来了解万物的由来,研究规则来认识事情成败的原因。所以要清虚平静地对待一切,让事物自己给自己取名,自己来规定自己的实际内容。清虚就可以知道事情的真相,平静就可以知道变化的规律。发言的人自己形声名,做事的人自己现出形状,把形与名验证合同,看是否一致,君主就可以无所事事,就可得到事情的真相。因此说:君主不能表现出自己的欲望,若君主表现了自己的欲望,臣子就会修改掩饰自己的言行;君主不能表达自己的意见,若君主表达了自己的意见,臣子就伪装自己来迎合。所以说:去掉爱好和厌恶,臣子就表现出自己的本色;去掉机巧和智慧,臣子对自己的行为就谨慎。所以即使有智慧也不用来思虑,让万物来知道自己的处所;富有才能也不用来行事,用来观察臣子行事的根据;有勇气也不用来发怒,而是让群臣完全发挥他们的威武。因此去掉智慧而可以明察,去掉才能而可以有功绩,去掉勇力而可以强大。群臣坚守职责,百官遵守规章,依据他们的能力来加以任用,这就是遵循规则办事。所以说:君主寂静无声,貌似不在其位却至高无上;广大无边,没有臣子知道他心中所想。圣明的君主在上面无为而治,群臣在下面就觉得十分恐惧。圣明君主的处事方法,是让聪明人殚精竭虑,而君主借此来决断政事,因此君主不会觉得智力穷尽;贤能的人进献自己的才能,君主依此来任用他,因此君主不会觉得能力穷尽;做事有功劳,君主就担当贤能的声名;做事有过失,臣子就担负罪名,因此君主不会声名穷尽。所以不贤能的人却能做贤能人的老师,不聪明的人却能做聪明人的师长。臣子承担劳苦,君主享受成功。这就是贤能的君主所遵循的法则。

道在不可见,用在不可知。虚静无事,以暗见疵。见而不见,闻而不闻,知而不知。知其言以往,勿变勿更,以参合阅焉。官有一人,勿令通言,则万物皆尽。函掩其迹①,匿其端,下不能原;去其智,绝其能,下不能意。保吾所以往而稽②同之,谨执其柄而固握之。绝其能望③,破其意,毋使人欲之。不谨其闭④,不固其门,虎乃将存。不慎其事,不掩其情,贼乃将生。弑其主,代其所,人莫不与⑤,故谓之虎。处其主之侧,为奸臣,闻⑥其主之忒⑦,故谓之贼。散其党,收其余,闭其门,夺其辅,国乃无虎。大不可量,深不可测,同合刑名⑧,审验法式,擅为者诛,国乃无贼。是故人主有五壅:臣闭其主曰壅,臣制财利曰壅,臣擅行令曰壅,臣得行义曰壅,臣得树人曰壅。臣闭其主则主失位,臣制财利则主失德,臣擅行令则主失制,臣得行义则主失明⑨,臣得树人则主失党。此人主之所以独擅也,非人臣之所以得操也。

【注释】

①函掩:包含,掩盖。函,通"含",包含。

②稽:参合。

③能望:"望"字应为衍文。

④闭:守。

⑤与:听从,引申为归附。

⑥闻:应为"间(jiàn)",窥伺。

⑦忒:差错。

⑧刑:即"形",行为表现。

⑨明:应为"萌",即氓,指人民。

【译文】

为君之道在于不能让群臣看出自己的心思,运用在于不能被群臣明白自己的想法。清虚平静看似无所事事,在暗中观察臣子的过失。看见了好像没看见,听见了好像没听见,知道了好像不知道。了解臣子的言论后,不要变更它,而是用来检验对比。每个官职只用一人,不让他们互相交谈,那么就会完全暴露一切事情。掩盖自己的行迹,隐蔽自己的想法,臣子就无法猜测;去掉智慧,不显示能力,臣子就不能去揣度。应该深藏自己的意向而参验臣子的主张,谨慎地把握权力并牢牢地把握它。断绝臣子篡位的能力,击破臣子篡位的想法,不要使臣子有非分之想。若不谨慎地把守,不加固门户,那么篡权夺位的臣子就会像老虎一样凶狠地闯入。若不谨慎地处理事务,不掩盖自己的情感,叛逆的贼子就会产生。杀死君主,取代君位,没有人不追随他的,因此称他们为老虎。潜伏在君主的身边,侦测君主的过失,因此称他们为逆贼。离散他们的党羽,收审他们的残余,阻塞他们的家门,铲除他们的辅佐,国家就没有老虎了。君主的治术广大无边,深不可测,考核臣下的行为与言论是否一致,考察和检验群臣的活动是否符合法度,擅自妄为的就要被惩罚,国家就不会有逆贼了。因此君主有"五壅":臣子封闭君主称为"壅",臣子控制财富称为"壅",臣子擅自发号施令称为"壅",臣子可以施行仁义称为"壅",臣子可以私下培养人才称为"壅"。臣子封闭君主,君主就会失去权位;臣子控制财富,君主就会失去了奖赏的恩德;臣子擅自发号施令,君主就会失去了对臣子的控制;臣子能施行仁义,君主就失去了民心;臣子能私下培养人才,君主就会失去了自己的党羽。这些本是君主应该独自掌握的,不是做臣子所能操纵的。

　　人主之道,静退以为宝。不自操事而知拙与巧,不自计虑而知福与咎。是以不言而善应,不约而善增。言已应则执其契①,事已增则操其符。符契之所合,赏罚之所生也。故群臣陈其言,君以其言授其事,事以责其功。功当其事,事当其言则赏;功不当其事,事不当其言则诛。明君之道,臣不陈言而不当。是故明君之行赏也,暧乎②如时雨,百姓利其泽;其行罚也,畏乎如雷霆,神圣不能解也。故明君无偷③赏,无赦罚。赏偷则功臣堕④其业,赦罚则奸臣易为非。是故诚有功则虽疏贱必赏,诚有过则虽近爱必诛。近爱必诛,则疏贱者不怠,而近爱者不骄也。

【注释】

①契:古代的一种凭证。下句的"符"同义。

②暧乎:温润的样子。

③偷:不合于规则的。

④堕:通"惰",懈怠。

【译文】

　　君主的原则,把平静谦退视为法宝。自己不主事却知道事情办得好与不好,自己不谋划却知道福与祸。因此君主虽不说却善于应对;君主虽不约束,而臣子却用好的行为增加事情的效果。言论已经提出了就拿出契约来验证,事情已经增加了就拿出信符来兑现。用信符和契约相合来验证,就是奖赏和处罚的根据。所以臣下陈述想法,君主依据他们的想法让他们去做事,根据所做的事情来责求他们的功效。功效和所做的事相当,事情和陈述的言论相当,就要奖赏他们。功效和所做的事不相当,事情和陈述的言论不相当,就要惩罚他们。圣明君主的行事原则是,臣子不陈述自己的想法就不会有奖赏。因此圣明的君主实行赏赐,就像及时雨那样温润,百姓蒙受恩泽而获得利益;他实行惩罚,令人畏惧,如同雷霆一样猛烈,就是神圣也不能解脱。所以圣明君主没有不合法则的奖赏,也不会赦免惩罚。奖赏不合法则,功臣就会懈怠事业;赦免了惩罚,奸臣就轻易地为非作歹。因此的确有功劳,即使是关系疏远而低贱的人也一定要奖赏;的确有过失,即使是关系亲近而喜爱的人也一定要惩罚。疏远低贱的人一定被奖赏,亲近喜爱的人一定被惩罚,那么疏远低贱的人就不会怠慢,亲近喜爱的人也不会骄傲了。

二柄

明主之所导制其臣者①,二柄而已矣。二柄者,刑、德也。何谓刑、德?曰:杀戮之谓刑,庆赏之谓德。为人臣者畏诛罚而利庆赏,故人主自用其刑、德,则群臣畏其威而归其利矣。故世之奸臣则不然②,所恶则能得之其主而罪之,所爱则能得之其主而赏之。今人主非使赏罚之威利出于己也,听其臣而行其赏罚,则一国之人皆畏其臣而易其君,归其臣而去其君矣,此人主失刑、德之患也。夫虎之所以能服狗者,爪牙也,使虎释其爪牙而使狗用之,则虎反服于狗矣。人主者,以刑、德制臣者也,今君人者,释其刑、德而使臣用之,则君反制于臣矣。故田常上请爵禄而行之群臣,下大斗斛而施于百姓,此简公失德而田常用之也,故简公见弑。子罕谓宋君曰:"夫庆赏赐予者,民之所喜也,君自行之;杀戮刑罚者,民之所恶也,臣请当之。"于是宋君失刑而子罕用之,故宋君见劫。田常徒用德而简公弑,子罕徒用刑而宋君劫。故今世为人臣者兼刑、德而用之,则是世主之危甚于简公、宋君也。故劫杀拥蔽之主③,非④失刑、德而使臣用之而,不危亡者,则未尝有也。

【注释】

①导:通"道",由。
②故:通"顾",可是。
③拥:通"壅",堵塞。
④非:应为"兼"的坏字,兼有。

【译文】

圣明的君主所用来控制群臣的,只是两个权柄罢了。这两个权柄,是指刑和德。什么是刑和德呢？答：杀戮就是刑，奖赏就是德。做臣子的害怕刑罚而喜好奖赏，所以君主使用他的刑和德，那么群臣就畏惧他的威势，趋向君主奖赏的利诱。可是世上的奸臣却不是这样，对他们讨厌的人就可以通过君主去治他的罪，对他们喜爱的就可以通过君主去赏赐他。现在，君主不让赏罚的威严和利益出于自己，听由臣子实行赏罚，那么全国的人都畏怯臣子而轻视君主，投靠臣子而远离君主了，这就是君主失去了刑和德的祸患。老虎之所以能制服狗的原因，在于它有爪牙，如果让老虎去掉它的爪牙，而让狗来使用，那么老虎反而要屈从于狗了。君主，就是要用刑和德来制伏群臣，现在的君主，舍弃了刑和德，而让臣子来使用它们，那么君主就反被臣子制伏了。因此，田常在朝中向君主请求爵禄来赏赐其他大臣，在朝外用加大斗斛的方法向百姓施恩，这就使齐简公失去了奖赏这一权柄，而田常却在使用它，所以田常杀死了齐简公。子罕对宋桓侯说："奖赏和赐予是民众所喜欢的，君主您自己实行它；杀戮和刑罚是百姓所厌恶的，请让我来承担。"所以宋桓侯失去了刑罚这一权柄，而子罕来使用它，所以宋桓侯被劫杀了。田常只采用恩德，齐简公就被杀死；子罕只采用刑罚，宋桓侯就被劫杀。如果现在做臣子的兼用刑罚和恩德，那么君主的危险比齐简公和宋桓侯还严重。因此被劫杀被蒙蔽的君主，失去了刑和德而由臣子使用它们，这样不危险灭亡的，还未有过。

人主将欲禁奸，则审合刑名①。刑名者，言异②事也。为人臣者陈而③言，君以其言授之事，专以其事责其功。功当其事，事当其言，则赏；功不当其事，事不当其言，则罚。故群臣其言大而功小者则罚，非罚小功也，罚功不当名也。群臣其言小而功大者亦罚，非不说④于大功也，以为不当名也，害甚于有大功，故罚。昔者韩昭侯醉而寝，典冠者⑤见君之寒也，故加衣于君之上，觉寝而说，问左右曰："谁加衣者？"左右对曰："典冠。"君因兼罪典衣与典冠。其罪典衣，以为失其事也；其罪典冠，以为越其职也。非不恶寒也，以为侵官之害甚于寒。故明主之畜臣，臣不得越官而有功，不得陈言而不当。越官则死,不当则罪,守业其官,所言者贞也,则群臣不得朋党相为矣。

【注释】

①刑名:通"形",指事实。

②异:应为"与"的误字。

③而:通"尔",你的。

④说:通"悦"。

⑤典冠者:"者"为衍字。"典冠"与下文"典衣"都是官职名。

【译文】

君主想要禁绝奸邪,就要仔细观察形和名是否相合。所说的"形名",就是言辞和事实。臣下陈述他的主张,君主根据他的言辞让他去做事,然后专门就所做的事来考察他的功绩。功绩和做事相当、做事和他的言辞相当的就奖赏他;功绩和做事不相当,做事和他的言辞不相当就惩罚他。因此群臣的言论大而功绩小就惩罚他们,不是因为功绩小才惩罚,而是惩罚他们的功绩和言论不相当。群臣的言论小而功绩大也要处罚,不是不喜爱大的功绩,是因为它和言论不相当,这样的危害比功绩还大,因此惩罚他们。过去韩昭侯喝醉后睡觉,典冠见到君主寒冷,就拿衣服给君主盖上,昭侯醒来后很高兴,问身边的侍从说:"谁把衣服给我盖上的?"侍从回答说:"是负责帽子的官员。"君主就同时把负责衣服的官员和负责帽子的官员给治罪了。治罪负责衣服的官员,因为他失职了;治罪负责帽子的官员,因为他超越了自己的职权。不是喜欢寒冷,是认为违反职权的危害比寒冷更严重。所以圣明的君主蓄养臣子,臣子不能超越职权来领取功绩,不能陈述和事实不相当的言论。超越职权就被处死,言行不当就治罪,遵守官职所要求的职责,所说的言论和事实相当,那么群臣就不能结党营私舞弊了。

人主有二患:任贤,则臣将乘于贤以劫其君;妄举,则事沮①不胜。故人主好贤,则群臣饰行以要君欲,则是群臣之情不效②;群臣之情不效,则人主无以异其臣矣。故越王好勇,而民多轻死;楚灵王好细腰,而国中多饿人;齐桓公妒外而好内③,故竖刁自宫以治内;桓公好味④,易牙蒸其子首而进之;燕子哙好贤,故子之明不受国。故君见恶,则群臣匿端;君见好,则群臣诬能。人主欲见,则群臣之情态得其资矣。故子之托于贤以夺其君者也,竖刁、易牙因君之欲以侵其君者也。其卒子哙以乱死,桓公虫流出户而不葬。此其故何也?人君以情借臣之患也。人臣之情非必能爱其君也,为重利之故也。今人主不掩其情,不匿其端⑤,而使人臣有缘以侵其主,则群臣为子之、田常不难矣。故曰:"去好去恶,群臣见素⑥。"群臣见素,则大君不蔽矣。

【注释】

①沮(jǔ):失败。

②效:显露。

③外:男性。内:女性。

④味:美味的食物。

⑤端:心绪,思绪。

⑥素,通"愫",真情。

【译文】

君主有两种忧患:任用贤人,那么臣下就会凭借贤能来劫持君主;随意提拔,事情就会失败而后果无法承受。所以君主喜爱贤能,群臣就会掩饰自己的行为来迎合君主的心愿,这样群臣的真情就不会显露;群臣的真情不会显露,那么君主就无法分辨臣子的好坏了。因此越王喜好勇力,就有很多人不怕死;楚灵王喜好细腰美女,国内就有很多饿肚子的女性;齐桓公妒忌男人喜欢女人,所以竖刁自己实行宫刑以求治理内宫;齐桓公喜好美味,易牙就把自己儿子的头蒸了做成美食献给他;燕王子哙喜好贤人,所以子之表面上不接受王位。因此君主表现出厌恶什么,群臣就把君主厌恶地隐藏起来;君主表现出爱好什么,群臣就诬陷贤能。君主的欲望呈现出来,那么群臣就凭此表现自己的情态。所以子之是凭借子哙爱好贤人来夺取君主之位的,竖刁和易牙是依靠君主的欲望来侵害君主的。最终,子哙因为战乱而死,齐桓公死后尸体腐烂,蛆虫都爬出了门外还得不到下葬。这是什么原因呢?这是君主把自己的感情显露给臣子带来的祸患。臣子的感情,未必能爱他的君主,而是因为重视利益的缘故。如今君主不掩饰自己的感情,不藏匿自己的心绪,而使臣子借机来侵害自己,那么群臣要想做子之、田常这样的人也就不难了。所以说:"不表现出自己的爱好和厌恶,群臣就会显露出真情。"群臣显露出真情,那么君主就不会被蒙蔽了。

扬权

天有大命①,人有大命。夫香美脆味,厚酒肥肉,甘口而疾形;曼理皓齿②,说情而捐精③。故去甚去泰④,身乃无害。权不欲见⑤,素无为也。事在四方,要在中央。圣人执要,四方来效。虚而待之,彼自以之。四海既藏,道⑥阴见阳。左右既立,开门而当⑦。勿变勿易,与二⑧俱行,行之不已,是谓履理也。

【注释】

①大命:自然的定数。

②曼理皓齿:指美女。曼,细腻。理,皮肤的纹理。

③说:通"悦"。捐:耗费,丢弃。

④泰:过分。

⑤见:通"现"。

⑥道:从,由。

⑦当:接受。这里指听取臣下意见。

⑧二:指"天有大命,人有大命"。

【译文】

上天有它的定数,人也有自己的定数。那些香脆鲜美的食物、肥美浓厚的醇酒,虽然甜口却对身体有危害;皮肤细腻、牙齿洁白的美女,虽然令人心情愉快,却会使精力损耗。所以去掉过分的东西,身体才会不受危害。权力不要表现出来,应该任其自然无为。事务分散在四方,大权集中在中央。圣明的君主掌握大权,四方的臣民就会来效力。虚心地对待他们,他们就会自然用上自己的才能。四方之臣各归其位,于是君主从虚静中观察各方面的动静。左右大臣建立事功之后,君主敞开大门听取臣下意见。确立了治国法纪不改变不更替,配合上天和人的定数行动,坚持这样做不要停止,这就叫遵循事理。

夫物者有所宜,材者有所施,各处其宜,故上下无为。使鸡司夜,令狸①执鼠,皆用其能,上乃无事。上有所长,事乃不方②。矜而好能,下之所欺。辩惠好生③,下因其材。上下易用,国故不治。

【注释】

①狸:猫。
②方:《解志》:"所谓方者,内外相应也,言行相称也。"
③辩惠好生:即好生辩惠。惠,通"慧"。

【译文】

事物各有自己的特性,人的才能各有不同的用武之地,事务、人才各处其位,因此,君主就能清静无为。让鸡负责报晓,让猫负责捉鼠,臣下像这样各尽其能,君主就无所事事了。君主有特长,就会在办事上不当。君主自夸而喜好才能,臣下就会欺骗君主。君主喜欢用机辩和智慧,臣下就借助这种特性行骗。君臣的效用互相颠倒了,国家就不能治理好。

用一①之道,以名为首。名正物定,名倚物徙。故圣人执一以静,使名自命,令事自定。不见其采②,下故素正。因而任之,使自事之。因而予之,彼将自举之。正与处之,使皆自定之。上以名举之,不知其名,复修其形。形名参同,用③其所生。二者④诚信,下乃贡情。谨修所事,待命⑤于天,毋失其要,乃为圣人。圣人之道,去智与巧,智巧不去,难以为常。民人用之,其身多殃;主上用之,其国危亡。因天之道,反形之理⑥,督参鞠⑦之,终则有⑧始。虚以静后,未尝用己。凡上之患,必同其端。信而勿同,万民一从。

【注释】

①一:道。
②采:文采。
③用:使用赏罚。
④二者:指赏罚。
⑤待命:依靠自然规律。
⑥理:人道。
⑦鞫:通"鞫",追究根底。
⑧有:通"又"。

【译文】

运用道的方法,是把名称放在首位。名称正确了,事物的内容也就明确了;名称有偏差,事物的内容也就捉摸不定。因此圣明的君主用虚静来掌握道,让名称自己来命名给自己,让事物自己决定自己的性质。君主不把自己的文采表现出来,臣下因此就会纯洁端正。依据才能任用他们,让他们自己从事自己的职务。依据职务分配给他们事情,他们会完成这些事情。端正名称来处理事物,使他们都自己决定状况。君主根据主张来提拔臣下,不知道他们的主张是否正确,就再考察他们做的事。事物的外形和名义相同,然后依此施行赏罚。赏罚能守信,臣下就会献出真诚。谨慎地处理好自己的政事,依靠自然的规律,不要失去治国要领,才能成为圣明的君主。圣明君主的治国原则,要除去智慧和机巧,智慧和机巧不除去,就难以把此方法作为治国的常规。民众使用智慧和机巧,自身就会遭到有灾殃;君主使用智慧和机巧,国家就会危及灭亡。依据自然界的规律,然后再重寻治理之道,督责参验追究根底,周而复始。使认识产生于虚静地观察事物之后,从来不用自己的智慧和才能。凡是君主的祸患,在于片面听取臣下的意见。信任臣下但不与他们合伙办事,民众就会一致服从君主了。

夫道者,弘大而无形。德者,核理而普至。至于群生,斟酌用之,万物皆盛①,而不与其宁②。道者,下周于事,因稽③而命,与时生死;参名异事,通一同情。故曰:道不同于万物,德不同于阴阳,衡不同于轻重,绳不同于出入,和④不同于燥湿,君不同于群臣。凡此六者,道之出也。道无双,故曰一。是故明君贵独道之容⑤。君臣不同道,下以名祷,君操其名,臣效其形,形名参同,上下和调也。

【注释】

①盛:通"成"。

②宁:止息,安宁。

③稽:查考。

④和:用以调声音的乐器。

⑤容:容貌,样貌。

【译文】

道是广大而没有形状的。德是切合事理而普遍存在的。至于一切生物,都从道与德中斟酌汲取,万物都依靠道与德形成,道与德却不因为万物的停息而停息。道普遍存在于各种事物之中,根据对事物的考核予以命名,随时间的推移而产生、死亡。参验事物的名称,它们都是有差别的;用道来贯通,它们的情理是没有差别的。所以说:道和万物是不同的,德和阴阳是不同的,秤和它衡量的轻重是不同的,墨线和它所衡量的凸凹是不同的,调音器受潮湿和干燥影响的声音是不同的,君主和大臣是不同的。以上这六种情况,是由道中衍化出来的。道是独一无二的,所以称作"一"。因此圣明的君主崇尚道那种独一无二的样貌。君臣做事的原则不同,臣下用主张向君主祈求,君主掌握臣下的主张,臣下贡献出自己的具体功绩,具体功绩和名称经过参验相同了,君臣之间就和谐了。

凡听之道,以其所出,反以为之入。①故审名以定位,明分以辩②类。听言之道,溶③若甚醉。唇乎齿乎,吾不为始乎;齿乎唇乎,愈惛惛④乎。彼自离之,吾因以知之。是非辐辏,上不与构⑤。虚静无为,道之情也;参伍比物,事之形也。参之以比物,伍之以合虚。根干不革,则动泄⑥不失矣。动之溶之,无为而改之。喜之则多事,恶之则生怨。故去喜去恶,虚心以为道舍。上不与共之,民乃宠⑦之。上不与义⑧之,使独为之。上固闭内扃⑨,从室视庭,咫尺已具,皆之其处。以赏者赏,以刑者刑。因其所为,各以自成。善恶必及,孰敢不信!规矩既设,三隅⑩乃列。

【注释】

①出:指臣下发出的言论。入:进入,指检验臣下的标准。

②辩:通"辨"。

③溶:通"容",容貌。

④惛(hūn)惛:通"昏",糊涂。

⑤构:纠结。

⑥动泄:即"动静"。

⑦宠:通"尊"。

⑧义:通"议"。

⑨扃(jiōng):门。

⑩三隅:指其他的方面。

【译文】

君主听取意见的方法,根据臣下发表的言论,反过来作为检验具体功绩的标准。所以审核臣下的言论来确定他们的职位,弄清他们的职责来区分他们要做的事。听取意见的方法,就是像喝醉了酒一样。臣下摇唇鼓舌,君主我却一言不发;臣下摇唇鼓舌,君主我就更加装成糊涂的样子。他们自己分析他们的言论,于是我了解了他们。正确和错误都像车辐条聚集在车轮中心那样聚集在一起,君主却不与他们纠结在一起。虚静无为,是道的本来的面貌,多方面的事实对照参验,是事情的实际情况。多方面事物并列来验证,多种概念会合来验证。树根与树干不改变,无论怎么摇动也不会出问题。不管是动摇还是扰乱,都以无为的原则去处理。君主表现喜欢,臣下就会多事;君主表现厌恶,臣下就会怨恨。因此要舍去喜欢和厌恶,让自己的心空虚以成为道所停留的地方。君主不与臣下共用权力,民众就会尊重君主。君主不与臣下商议事情,而让他们单独去处理。君主紧紧把内室的门关闭,从内室窥视厅堂,许多事情都近在咫尺,一切都在君主的视野之中。应该奖赏的就奖赏,应该处罚的就处罚。依据他们的行为来进行赏罚,一切都是由他们自己造成的。做好事和做坏事一定会得到相应的奖惩,谁敢不诚实呢?只要设立好法度了,其他方面也就都设置好了。

主上不神,下将有因。其事不当,下考其常。若天若地,是谓累解①。若地若天,孰疏孰亲?能象天地,是谓圣人。欲治其内,置而勿亲;欲治其外,官置一人;不使自恣,安得移并。大臣之门,唯恐多人。凡治之极,下不能得。周合刑名②,民乃守职。去此更求,是谓大惑。猾民愈众,奸邪满侧。故曰:毋富人而贷焉,毋贵人而逼焉,毋专信一人而失其都国焉。腓大于股,难以趣③走。主失其神,虎随其后④。主上不知,虎将为狗。主不蚤⑤止,狗益无已。虎成其群,以弑其母⑥。为主而无臣,奚国之有?主施其法,大虎将怯;主施其刑,大虎自宁。法刑苟信,虎化为人,复反⑦其真。

【注释】
①累解:解脱私累。
②刑:通"形"。
③趣:通"趋",小步急走。
④虎:比喻阴谋篡权的大臣。
⑤蚤:通"早"。
⑥母:指君主。
⑦反:通"返"。

【译文】
君主不能神秘莫测,臣下就有所依据。君主处事不当,臣下就把它当作常例。像天地那样,才称解脱私累。像天地那样,还会有什么亲近和疏远呢?能像天地一样行事,就称为圣明君主。想要把宫廷内的事治理好,设置近臣却不亲近他们;想要把朝廷外的事治理好,每个官职只设置一个人;不让他们自己为所欲为,怎么能出现侵占他人的权力呢?大臣的门下,只怕很多人投靠。凡是治理的最高境界,是臣下不能谋求私利。事物的实际和名义必须切合,人们就会恪守职分。丢掉这种方法去寻求别的方法,这就称为最大的迷惑。狡猾的人会越来越多,奸邪的人会布满君主四周。所以说:不要使人太富裕,而自己却要向他借贷;不要使人太尊贵,而自己却被他威逼;不要专门相信一个人,而自己却失去了都城和国家。小腿比大腿还要粗,就难以小步急走。君主如果失去了神秘莫测的效果,就会有老虎一样的臣子紧随其后。如果君主还不知情,这些如老虎一样的奸臣就会伪装成狗。如果君主不尽早制止,狗就不断增多。等到老虎成群,就会把君主杀害。做了君主,却没有臣下,哪里会有国家呢?君主施行法令,如虎的奸臣就会害怕;君主施行刑罚,如虎的奸臣就老实了。如果法律和刑罚真的守信,如虎的奸臣就会重新做人,再恢复做臣子的本来面目。

欲为其国,必伐其聚①;不伐其聚,彼将聚众。欲为其地,必适其赐;不适其赐,乱人求益。彼求我予,假仇人斧;假之不可,彼将用之以伐我。黄帝有言曰:"上下一日百战。"下匿其私,用试其上;上操度量,以割②其下。故度量之立,主之宝也;党与之具,臣之宝也。臣之所不弑其君者,党与不具也。故上失扶寸③,下得寻常④。有国之君,不大其都;有道之臣,不贵其家;有道之君,不贵其臣。贵之富之,备将代之。备危恐殆,急置太子,祸乃无从起。内索出圉⑤,必身自执其度量。厚者亏之,薄者靡⑥之。亏靡有量,毋使民比周,同欺其上。亏之若月,靡之若热。简令谨诛,必尽其罚。毋弛而弓,一栖两雄。一栖两雄,其斗𠴲𠴲⑦。豺狼在牢,其羊不繁。一家二贵,事乃无功。夫妻持政,子无适从。为人君者,数披其木,毋使木枝扶疏;木枝扶疏,将塞公间,私门将实,公庭将虚,主将壅围。数披其木,无使木枝外拒;木枝外拒,将逼主处。数披其木,毋使枝大本小;枝大本小,将不胜春风;不胜春风,枝将害心。公子既

扬权

众,宗室⑧忧吟。止之之道,数披其木,毋使枝茂。木数披,党与乃离。掘其根本,木乃不神。填其汹渊,毋使水清⑨。探其怀,夺之威。主上用之,若电若雷。

【注释】

①聚:此处指朋党交结。

②割:制裁。

③扶寸:古代长度单位,四指宽为一扶,一指宽为一寸。

④寻常:古代长度单位,八尺为一寻,两寻为一常。

⑤围:通"御",防御,抵御。

⑥靡:多。

⑦嗷嗷:鸟争斗鸣叫的声音。

⑧宗室:这里指太子。

⑨清:激荡,奔腾。

【译文】

想要把自己的国家治理好,必须斩除臣子的朋党;不斩除朋党,他们就会聚集越来越多。想要把自己的国土管理好,一定要使赏赐恰当;赏赐不恰当,乱臣的要求就会越来越多。他提出要求我就给他们,这等于把斧头借给仇人;借给仇人斧头是不可行的,他将会用这斧头来砍我。黄帝说过:"君臣上下一天要发生一百次冲突。"臣下隐匿私情,用以试探君主;君主控制了法度,用来制裁臣下。因此建立法度,是君主的法宝;朋党的完备,是臣下的法宝。臣下之所以还没有杀害君主,是因为朋党还没有完备。因此君主有一点的失误,臣下就会有很大的利益。统治国家的君主,不使分封的都邑增大;恪守治道的臣子,不使自己的家臣显贵;懂得治道的君主,不使自己的臣下显贵。使他们显贵、富有,他们就将会取代君主。为了防备危险发生,需要赶快设立太子,祸患就没有机会兴起。对内搜索奸党,对外捕捉犯人,君主一定要亲自掌握标准。过于丰厚的就削弱它,过于微薄的就增加它。削弱和增加都有一定的分寸,不要让臣下相互勾结,共同欺侮君主。削弱它就像月亮的盈亏变化,增加它就像火烧东西那样逐渐加热。法令简明而惩罚严谨,但对该罚的人都要惩罚。不要放松你的弓箭,防止一个鸟窝中出现两只雄鸟。一个鸟窝中有两只雄鸟,它们就会彼此不停地争斗。羊圈里有豺狼,羊就不能繁殖。一家有两个人尊贵,事情就没有功效了。夫妻两人一同执掌家事,儿子就不知道该听谁的。做君主的,要经常修剪树木,不要让枝叶茂密;树木枝叶茂密,就会把公家的门户堵塞,这样私人的门户就会充实,而公家的门户就会变得空虚,君主将要被壅塞围困。经常修剪树木,不要使枝干向外延伸;枝干向外延伸,将会逼迫到君主的位置。经常修剪树木,不要使枝大干小;枝大干小,将不能抵抗春风;不能抵抗春风,枝叶将会损害树心。如果公子太多,太子就会担忧叹息了。制止这种现象的方法是:经常修剪树木,不要使枝叶繁茂。树木经常被修剪,朋党就离散了。把它的根本挖掘了,树木就没有了生机。将汹涌的深潭填塞,不要让水激荡奔腾。探测臣下的心思,剥夺臣下的权威。君主使用权势,应像电闪雷鸣一样猛烈果断。

扬权

孤愤

智术之士，必远见而明察，不明察、不能烛①私；能法之士，必强毅而劲直，不劲直、不能矫奸②。人臣循令而从事，案③法而治官，非谓重人④也。重人也者，无令而擅为，亏法以利私，耗国以便家，力能得其君，此所为重人也。智术之士明察，听用，且烛重人之阴情；能法之士劲直，听用，且矫重人之奸行。故智术能法之士用，则贵重之臣必在绳⑤之外矣。是智法之士与当涂之人，不可两存之仇也。

【注释】

①烛：照明，此处指洞察。
②矫奸：纠正违法犯罪的行为。
③案，通"按"。依照，按照。
④重人：朝廷中掌握重权的人。
⑤绳：木工用的墨线，此处喻指标准、法则。

【译文】

通晓治理国家方略的人，一定有远见且明察秋毫；不能明察秋毫，就不能洞察阴谋。能够施行法治的人，一定坚毅果断且刚毅正直；不刚毅正直，就不能纠正违法犯罪的行为。臣子们按照法令处理公事，按照法律履行做官的职责，这不能算作以权谋私。所谓以权谋私的人，无视法令而擅自行动，破坏法律来为个人谋利，损害国家利益来为小家牟利，以个人力量控制君主，这才叫以权谋私的人。通晓治国方略的人能明察秋毫，他们若被君主任用，就能洞察权臣的阴谋诡计；能够推行法治的人刚毅正直，他们若被君主重用，将会纠正权臣的奸诈行为。所以，懂得治国方略和善于施行法治的人若被任用,那么以权谋私的人必定为法律准绳所不容。所以懂得治理国家、推行法制的人与当权的人,是不能并存的仇敌。

当涂之人擅事要,则外内为之用矣。是以诸侯不因则事不应,故敌国为之讼①;百官不因则业不进,故群臣为之用;郎中②不因则不得近主,故左右为之匿;学士不因则养禄薄礼卑,故学士为之谈也。此四助者,邪臣之所以自饰也。重人不能忠主而进其仇,人主不能越四助③而烛察其臣,故人主愈弊④,而大臣愈重。

【注释】

①讼:通"颂",赞扬、称颂。
②郎中:官名,战国时开始设置,在宫廷内担任君主侍卫,战争时跟随君主征伐。
③四助:上所指诸侯、百官、郎中、学士这四种人。
④弊:通"蔽",蒙蔽。

【译文】

当权的大臣独揽大权,那么外势和内政就会被他利用了。正因如此,诸侯不依靠他,事情就得不到照应,所以敌对的诸侯国也会颂扬他;各级官吏们不依靠他,业绩就得不到提升,因此大臣们会为他努力做事;君主的侍从不依靠他,就不能靠近君主,因此他们为他隐瞒罪行;学士们不依靠他,就会俸禄微薄而待遇低下,因此学士为他说好话。这四种帮凶是奸邪之臣用来掩饰自己的基础。权臣不会因为忠于君主而推荐自己的政敌,君主不能越过四种帮凶来明察他的臣下,因此君主越来越受蒙蔽,而权臣的权势越来越大。

凡当涂者之于人主也,希①不信爱也,又且习故②。若夫即主心同乎好恶,固其所自进也。官爵贵重,朋党又众,而一国为之讼。则法术之士欲干上者,非有所信爱之亲、习故之泽也;又将以法术之言矫人主阿辟③之心,是与人主相反也。处势卑贱,无党孤特。夫以疏远与近爱信争,其数不胜也;以新旅④与习故争,其数不胜也;以反主意与同好争,其数不胜也;以轻贱与贵重争,其数不胜也;以一口与一国争,其数不胜也。法术之士,操五不胜之势,以岁数而又不得见;当涂之人,乘五胜之资,而旦暮独说于前。故法术之士,奚道得进,而人主奚时得悟乎?故资⑤必不胜而势不两存,法术之士焉得不危?其可以罪过诬者,以公法而诛之;其不可被以罪过者,以私剑而穷⑥之。是明法术而逆主上者,不僇⑦于吏诛,必死于私剑矣。朋党比周以弊⑧主,言曲以便私者,必信于重人矣。故其可以功伐⑨借者,以官爵贵之;其不可借以美名者,以外权重之。是以弊主上而趋于私门者,不显于官爵,必重于外权矣。今人主不合⑩参验而行诛,不待见功而爵禄,故法术之士安能蒙死亡而进其说,奸邪之臣安肯乘利而退其身?故主上愈卑,私门益尊。

【注释】

①希:通"稀",稀少。

②习故:亲信的故旧。

③阿(ē)辟:阿,偏袒,迎合。辟,通"僻",邪恶,这里指重人的罪恶。

④新旅:新来的游子或客人。

⑤资:凭,凭借。

⑥穷:尽,指结束生命。

⑦僇:通"戮",杀害。

⑧弊:通"蔽",欺骗,蒙蔽。

⑨功伐:功劳,贡献。

⑩合:会合,指把言与事、放在一起比较。

【译文】

凡是当道掌权的人对于君主来说,很少不被信任宠爱的,而且又是彼此亲昵和熟悉的。至于迎合君主的心意,投合君主的爱好和厌恶,本来就是重臣得以晋升的途径。他们官职重要权力大，爵位显贵地位高，党羽又很多，全国都为他们唱赞歌。而想求得君主重用的法术之士，既没有受到信任和宠爱的亲近关系，和君主也没有亲昵和熟悉的交情，还要用法治的言论矫正君主偏袒邪恶的思想，这是与君主心意相对立的。法术之士所处地位十分低下，没有同党，孤立无依。拿和君主关系疏远的人同与君主关系亲近、受到宠爱信任的人相争，按情理来说，是不能取胜的；拿新来的客人和熟悉的老关系相争，按情理来说是不会取胜的；拿违背君主心意的人和投合君主爱好的人相争，按情理来说是不能取胜的；地位卑贱的人和地位高贵、官职重要的人相争，按情理来说是不能取胜的；拿孤立无援的一张嘴和一国人相争，按常理说是不能取胜的。法术之士处在这五种不能取胜的情形下，时间长得按年来计算也不能见到君主；当权重臣凭借这五种能取胜的条件，而且随时可以单独在君主面前劝说君主。那么法术之士怎么会得到任用，而君主到什么时候才能够醒悟呢？所以，法术之士凭借必定无法取胜的条件，又与权臣势不两立，法术之士哪能不危险呢？那些可用罪名来诬陷的，就利用国家法律来诛杀；他们之中不能强加罪名的，就用豢养的刺客来暗杀。这样看来，精通法术而违背君主心意的人，即使不被官吏所诛杀，也一定会死在刺客手里。而结党拉派串通一气来蒙蔽君主，花言巧语歪曲事实来谋取私利的人，一定会被权臣信任。所以对那些可以用功劳做凭借的，就封官加爵使他们显贵；对那些不可以用好声名做借口的，就利用外交职权来重用他们。因此，那些蒙蔽君主而投奔权臣门下的人，不是因为封官加爵而获得显贵，就是在外交职权上重用了。现在君主不用事实来核对验证就实行诛戮，不等臣下建立功劳就授予爵禄，法术之士怎能冒着死亡的危险去陈述自己的主张，奸诈邪恶的权臣又怎能在这有利时机而主动引退呢？所以君主的地位就越来越低，而权臣势力就越来越大。

夫越虽国富兵强，中国之主皆知无益于己也，曰："非吾所得制也。"今有国者虽地广人众，然而人主壅蔽，大臣专权，是国为越也。智不类越，而不智不类其国，不察其类者也。人主所以谓齐亡者，非地与城亡也,吕氏弗制,而田氏用之。所以谓晋亡者,亦非地与城亡也,姬氏不制,而六卿①专之也。今大臣执柄独断,而上弗知收,是人主不明也。与死人同病者,不可生也;与亡国同事者,不可存也。今袭迹于齐、晋,欲国安存,不可得也。

【注释】

①六卿:指春秋末晋国的六大家族,即范、魏、赵、中行、韩、知。

【译文】

越国虽国富兵强,中原各国的君主都知道对自己没有什么益处。都解释说:"那不是我们所能控制的。"现在统治国家的君主虽然地广人众,然而君主被下臣蒙蔽,大臣独揽大权,这样的话,国家也就变得和越国一样了。君主知道自己的国家跟越国不一样,却不知道自己的国家被大臣专权也已经不像个国家了,这是不明了自己的国家与越国相似啊。人们之所以说齐国灭亡了,并不是指丧失了土地和城市,而是指原来统治齐国的吕氏不能控制它而被田氏所统治了。之所以说晋国灭亡了,也不是指丧失了土地和城市,而是指原来统治晋国的姬氏不能控制它而被国内的六大家族所把持。现在大臣掌权独断专行,而君主不知收回大权,这是君主不明智的表现。和死人有相同症状的人,就不能再活下去了;和灭亡的国家形势相同的国家,就无法继续存在下去了。现在要走向了齐、晋的老路,想要国家安然存在,是不可能的。

凡法术之难行也,不独万乘,千乘亦然。人主之左右不必智也,人主于人有所智而听之,因与左右论其言,是与愚人论智也。人主之左右不必贤也,人主于人有所贤而礼之,因与左右论其行,是与不肖论贤也。智者决策于愚人,贤士程行①于不肖,则贤智之士羞而人主之论悖矣。人臣之欲得官者,其修士且以精洁固身,其智士且以治辩②进业。其修士不能以货赂事人,恃其精洁,而更不能以枉法为治,则修智之士,不事左右,不听请谒矣。人主之左右,行非伯夷也,求索不得,货赂不至,则精辩之功息,而毁诬之言起矣。治辩之功制于近习,精洁之行决于毁誉,则修智之吏废,则人主之明塞矣。不以功伐决智行,不以参伍审罪过,而听左右近习之言,则无能之士在廷,而愚污之吏处官矣。

【注释】

①程行:评论他的德行。

②治辩:辩,通"辨",分辨。治辩,即办事分明,即下文的"不能以枉法为治"。

【译文】

大致说来,法术难以推行的,不单是拥有万辆兵车的大国,就是拥有千辆兵车的小国也是这样。君主身边的近臣不一定有才智,君主在人们中间发现自己认为有才智的人而听取他们的意见,而且还和近臣评论他们的言论,这是和愚蠢的人评论聪明的人。君主的身边的近臣不一定贤能,君主认为某人贤能而礼遇尊重他,于是和近臣评论他的德行,这是和没有德才的人评论贤能的人。由愚蠢的人来评判智者的计谋,贤者的品德由不贤的人来衡量,那么品德好、有才智的人就会感觉受到羞辱,而君主的论断也必然是荒谬的了。想谋得官职的臣子当中,那些品德好的人将用专注政事和廉洁来约束自己,那些才智高的人将用办好政事来求得事业有所进步。那些道德修养高的人不可能用财物贿赂去侍奉别人,而凭借自己的精纯廉洁更不可能违法办事,那么品德好、才智高的人也就不会奉承君主身边的近侍,不会接受私下的请求了。而君主身边的近臣,品行并不像伯夷那么好,他们索求的东西得不到,财物没有送来,那么精明强干者的功业就会被他们抹杀,而诽谤诬陷的话也就兴起来了。办好政事的功业受制于君主身边的近侍,精纯廉洁的品行取决于近臣的诋毁或吹捧,那么品德高以及有才智的官吏就要被罢黜,君主的明察也就被阻塞了。不按功劳判断人的才智和品德,不通过事实的多方验证审查人的罪行和过错,却听从左右亲信的话,那么无能的人就会在朝廷中掌权,愚蠢腐败的官吏就会窃居官职。

万乘之患,大臣太重;千乘之患,左右太信;此人主之所公患也。且人臣有大罪,人主有大失,臣主之利与相异者也。何以明之哉?曰:主利在有能而任官,臣利在无能而得事;主利在有劳而爵禄,臣利在无功而富贵;主利在豪杰使能,臣利在朋党用私。是以国地削而私家富,主上卑而大臣重。故主失势而臣得国,主更称蕃臣而相室剖符①,此人臣之所以谲②主便私也。故当世之重臣,主变势③而得固宠者,十无二三。是其故何也?人臣之罪大也。臣有大罪者,其行欺主也,其罪当死亡也。智士者远见,而畏于死亡,必不从重人矣;贤士者修廉,而羞与奸臣欺其主,必不从重人矣。是当涂者之徒属,非愚而不知患者,必污而不避奸者也。大臣挟愚污之人,上与之欺主,下与之收利侵渔④,朋党比周,相与一口,惑主败法,以乱士民,使国家危削,主上劳辱,此大罪也。臣有大罪而主弗禁,此大失也。使其主有大失于上,臣有大罪于下,索国之不亡者,不可得也。

【注释】

①相室剖符:相室,相国。剖符,指剖分信符来任命官吏、分封领地、调兵遣将等,这种大权原应由君主掌握。

②谲(jué):欺骗,诡谲。

③变势:此处指君主改变势位,即君权更替。

④收利侵渔:侵夺百姓,就像渔民捕鱼一样。这里指搜刮侵占百姓财物。

【译文】

拥有万辆兵车大国的祸患在于大臣权势太重,拥有千辆兵车的小国的祸患在于君主太宠信身边的近臣;这是君主们共有的忧患。而臣子犯了严重的罪行,是因为君主有了大过失,臣子和君主的利益是不同的。怎样来说明这一点呢?那就是:君主的利益在于选出有才能的人而给以官职,臣下的利益在于没有才能而能得到任用;君主的利益在于选出有功劳的人而赏赐爵禄,臣下的利益在于没有功劳却能得到富贵;君主的利益在于发现豪杰任用有才能的人,臣下的利益在于拉党结派任用自己的人。所以国家的土地减少而臣子的土地增加,君主地位卑下而大臣的地位反而重要。所以君主失去权势而大臣得到国家大权,君主改称外臣,大臣执掌君权,这就是大臣欺骗君主以谋取私利的目的。所以当代掌权的重臣,在君主更替之后仍能继续得宠的,十个之中还不到两三个。这是为什么呢?是这些为人臣子的罪行太大了。犯了大罪的臣子,他们的罪状是欺骗了君主,他的罪行应该是被处死的。聪明的人目光远大,害怕犯死罪,一定不会追随重臣;贤能品德好的人洁身自爱,认为和奸臣共同欺骗君主是耻辱的,也一定不会跟从重臣。所以当权者的党徒部属,不是愚蠢而不懂得祸患的人,就一定是卑鄙而不回避作恶的人。大臣带领着愚蠢腐败的人,对上面和他们一起欺骗君主,对下面和他们一起掠夺财物,结党营私,串通一气,迷惑君主,败坏法纪,以此扰乱民众,使国家危险,国土被侵占割削,君主遭受忧劳屈辱,这是重大的罪行。臣子有了重大罪行而君主却不禁止,这是严重过失。假如君主在上面有严重过失,臣子在下面有重大罪行,想求得国家不灭亡,这是不可能的。

说难①

凡说之难:非吾知之有以说之之难也;又非吾辩之能明吾意之难也;又非吾敢横失②而能尽之难也。凡说之难,在知所说之心,可以吾说当③之。所说出于为名高者也,而说之以厚利,则见下节而遇卑贱,必弃远矣。所说出于厚利者也,而说之以名高,则见无心而远事情,必不收矣。所说阴为厚利而显为名高者也,而说之以名高,则阳收其身而实疏之;说之以厚利,则阴用其言显弃其身矣。此不可不察也。

【注释】

①说(shuì)难:进言的困难。

②横佚:指进言纵横驰骋,毫无顾忌。失,通"佚"。

③当:指迎合。

【译文】

大凡进言的困难:不是难在我的才智是否够用来向君主进说;也不是难在我能否辩说事理从而阐明我的主张;也不是难在我是否敢毫无顾忌地把我所知道的事理全部表达出来。大凡进言的困难,在于了解被劝说对象的心理,可以用自己的话去迎合他。进说对象属于想要追求高尚美名的,却用厚利去游说他,就会显得节操低下而得到卑贱的待遇,必然受到抛弃和疏远。进说对象想要追求厚利的,却用高尚的声名去游说他,就会被看作没有头脑而又脱离实际,必定不会被接受和录用。进说对象心底追求丰厚的利益而表面追求美名的,用声名的高尚去劝说他,那么他就会表面上录用而实际上疏远进说者;用厚利劝说他,他就会暗地采纳进说者的意见而表面上疏远进说者。这是不可以不明察的。

夫事以密成，语以泄败。未必其身泄之也，而语及所匿之事，如此者身危。彼显有所出事，而乃以成他故，说者不徒知所出而已矣，又知其所以为，如此者身危。规异事而当，知者揣之外而得之，事泄于外，必以为己也，如此者身危。周泽①未渥也，而语极知，说行而有功则德忘，说不行而有败则见疑，如此者身危。贵人有过端，而说者明言礼义以挑其恶，如此者身危。贵人或得计而欲自以为功，说者与知焉，如此者身危。强以其所不能为，止以其所不能已，如此者身危。故与之论大人则以为间己矣，与之论细人则以为卖重②，论其所爱则以为藉资，论其所憎则以为尝己也。径省其说则以为不智而拙之，米盐博辩则以为多而交③之。略事陈意则曰怯懦而不尽，虑事广肆则曰草野而倨侮。此说之难，不可不知也。

【注释】

①周泽：恩宠，恩泽。
②重：权，权势。
③交：交错，杂乱。

【译文】

事情因秘密而成功，谈话因泄露秘密而失败。不一定是游说者本人泄露了机密，而是谈话中涉及君主心中要保密的事，这样游说者就会身遭危险。君主表面上做这件事，心里却想借它来办成别的事，游说者不但知道君主所做的事，而且要知道他这样做的意图是为了办成别的事，这样就会身陷危险中。游说者筹划一件不寻常的事情并且符合君主心意，聪明人从外在的迹象上把这事猜测出来了，这样，事情泄露后，君主一定认为是游说的人泄露的，这样游说者就危险了。君主对游说者的恩宠还不厚，游说者谈论却尽其所知，如果游说者的主张得以实行并获得成效，他的功德就会被君主忘记；如果他的主张行不通而遭到失败，那么就会被君主怀疑，这样游说者就会身遭危险。君主有缺点过错，游说者倡导礼义来彰显他的过失，这样游说者就会身遭危险。君主有时想到了理想的计谋而想自己居功,但游说者也参与并了解这个计谋,这样游说者就会身遭危险。勉强君主去做他没能力做的事,强迫君主停止做他不肯罢休的事,这样游说者就会身遭危险。游说者如果和君主议论大臣,君主就会认为他想离间君臣关系;和君主谈论侍从,君主就会认为他是想卖弄权势;谈论君主喜欢的人,君主就会认为他是借助他们拉关系;谈论君主厌恶的人,君主就会认为他是在试探自己。说话直截了当、简明扼要,君主就会认为他不聪明把他当笨拙的人来看;谈话琐碎细致,君主就认为他太啰唆。游说者简略地陈述意见,君主就会认为他怯懦而不敢尽言;游说者广泛放肆地陈述意见,君主就认为他粗野而傲慢。这些进言的困难,是不可以不知道的。

凡说之务,在知饰所说之所矜^①而灭其所耻。彼有私急也,必以公义示而强之。其意有下也,然而不能已,说者因为之饰其美而少其不为也。其心有高也,而实不能及,说者为之举其过而见其恶,而多其不行也。有欲矜以智能,则为之举异事之同类者,多为之地,使之资^②说于我,而佯不知也,以资其智。欲内相存之言,则必以美名明之,而微见其合于私利也。欲陈危害之事,则显其毁诽而微见其合于私患也。誉异人与同行者,规异事与同计者。有与同污者,则必以大饰其无伤也;有与同败者,则必以明饰其无失也。彼自多其力,则毋以其难概^③之也;自勇其断,则无以其谪^④怒之;自智其计,则毋以其败穷之。大意无所拂悟^⑤,辞言无所系縻^⑥,然后极骋智辩焉。此道所得亲近不疑而得尽辞也。

【注释】

①矜:自夸,自恃。
②资:借用、借取。
③概:古代量米麦时刮平斛的器具,引申为压抑、阻碍。
④谪:职责、责备,引申为过失。
⑤悟:通"忤",忤逆、违逆。

⑥系縻:约束,束缚。

【译文】

　　大凡游说的要领,在于懂得美化游说对象自夸之事而掩盖他所羞耻之事。君主有私人的迫切需求,进说者一定要指明这合乎公义而鼓励他去做。君主心里有卑鄙的念头,但是不能克制,游说者就应把它粉饰成美好的而抱怨他没有去做。君主有崇高远大的想法,而实际不可能达到,进说者就为他举出这种想法的缺点并揭示这种想法的坏处,称赞他不去做。君主想自夸智能,进说者就替他举出类同的其他事情,多给他提供依据,使他从我处借用说法,而我却装作不知道,这样来帮助他炫耀才智。游说者想向君主进献与人相安的话,就必须用符合国家利益的美名阐明它,并暗示它合乎君主的个人利益。游说者想要陈述有危害的事,就明言这样的事会遭到诋毁和非议,并暗示它对君主也不利。游说者称赞另一个与君主行为相同的人,规划另一件与君主想法相同的事。如果有人和君主的污行相同,就必须尽量粉饰他,说他的污行没有害处;有和君主败迹相同的人,就必须对他大加粉饰,说他并没有什么过失。当君主自以为能力很强时,就不要用他难以办到的事去阻碍他;当君主自以为决断勇敢时,就不要用他决断中的过失去激怒他;君主自以为计策很高明时,就不要用他过去的失败使他难堪。游说的主旨没有什么违逆,游说的言辞没有什么束缚,然后就可以充分施展自己的智慧和口才了。通过这种方法所得到的结果,使君主对自己亲近不怀疑而又能畅所欲言。

　　伊尹为宰,百里奚为虏,皆所以干其上也。此二人者,皆圣人也,然犹不能无役①身以进,如此其污也!今以吾言为宰虏,而可以听用而振世,此非能仕②之所耻也。夫旷③日离④久,而周泽既渥,深计而不疑,引争而不罪,则明割利害以致其功,直指是非以饰其身,以此相持,此说之成也。

【注释】

①役:仆役,指充当仆役。

②仕:通"士",即人。

③旷:长久地耗费。

④离:经,经过。

【译文】

伊尹当过厨师,百里奚当过奴隶,都是为了求取他们的君主重用。这两个人都是杰出的圣人,但还是不能不使自己充作仆役来求得进用,这样的卑下!假如现在把我的话看成像厨师和奴隶所讲的一样,而可以听信并被采纳,来挽救天下,只要言论被采纳,有才智的人是不会为这种事而感到羞耻的。经过了很长的时间,君主的恩泽已经足够深厚,游说者深入的谋划不再被怀疑,据理力争也不再会被治罪,就可以明确地剖析利害来成就君主的功业,直接指明是非曲直来端正君主的人品,君臣能这样相互对待,就是进言的成功。

昔者郑武公欲伐胡,故先以其女妻胡君以娱其意。因问于群臣:"吾欲用兵,谁可伐者?"大夫关其思对曰:"胡可伐。"武公怒而戮之,曰:"胡,兄弟之国也,子言伐之,何也?"胡君闻之,以郑为亲己,遂不备郑。郑人袭胡,取之。

宋有富人,天雨墙坏,其子曰:"不筑,必将有盗。"其邻人之父①亦云。暮而果大亡其财。其家甚智其子,而疑邻人之父。此二人说者皆当矣,厚者为戮,薄者见疑,则非知之难也,处知则难也。故绕朝②之言当矣,其为圣人于晋,而为戮于秦也。此不可不察。

【注释】

①父(fǔ):对老者的尊称,指老人。

②绕朝:人名,春秋时秦国的大夫。曾劝诫秦康公不要接受魏寿余的诈降。

【译文】

　　从前郑武公想要讨伐胡国,故意先把自己的女儿嫁给胡国君主来让他高兴。然后问群臣:"我想用兵,哪个国家可以攻打?"大夫关其思回答说:"胡国可以攻打。"武公愤怒地把他杀了,说:"胡国是我们的兄弟国家,你说攻打它,是什么道理?"胡国君主听说了这件事,认为郑国和自己十分友好,于是不再提防郑国。郑国偷袭了胡国,并占领了它。

　　宋国有个富翁,下雨的时候家里的墙被冲坏了,他儿子说:"如果再不修的话,必将有盗贼来偷东西。"邻居的老人也这样说。那天晚上,果然丢了大量财物。这个富翁认为儿子很聪明,对邻居老人却起了疑心。关其思和邻居家老人的话都很正确,但重的被杀,轻的被怀疑。由此可知,并不是认识事理有困难,而是处理这种认识的事理有困难。因此,绕朝劝诫秦康公的话本是正确的,但他在晋国被看成圣人,在秦国却遭杀害,这是不可以不明察的。

　　昔者弥子瑕有宠于卫君。卫国之法,窃驾君车者罪刖①。弥子瑕母病,人间②往夜告弥子,弥子矫③驾君车以出。君闻而贤之曰:"孝哉,为母之故,忘其刖罪。"异日,与君游于果园,食桃而甘,不尽,以其半啖④君。君曰:"爱我哉,忘其口味,以啖寡人。"及弥子色衰爱弛,得罪于君,君曰:"是固尝矫驾吾车,又尝啖我以余桃。"故弥子之行未变于初也,而以前之所以见贤,而后获罪者,爱憎之变也。故有爱于主,则智当而加亲;有憎于主,则智不当见罪而加疏。故谏说谈论之士,不可不察爱憎之主而后说焉。

【注释】

①刖(yuè):古代砍断脚的刑罚。

②间(jiàn):私下偷着、暗暗。

③矫:擅自假托君命。

④啖(dàn):吃。

【译文】

从前弥子瑕受到卫国国君的宠爱。卫国的法律规定,私自驾驭国君车子的人,论罪要处以砍去脚的刑罚。弥子瑕的母亲生病了,有人私下连夜来告诉弥子瑕,弥子瑕假托国君的命令驾君主的车探望母病。卫灵公听说后认为他有德行,说:"真孝顺啊!因为母亲的缘故,忘了自己要被处以砍脚的罪罚。"又有一天,他和卫灵公在果园游览,弥子瑕吃桃子觉得很甜,没有吃完,就把剩下的半个给卫灵公吃。卫灵公说:"真是爱我呀!放弃自己喜欢吃的东西来给我吃。"等到弥子瑕宠爱减退时,得罪了卫灵公,卫灵公说:"这人原来就曾假借我的命令私自使用我的车子,又曾经拿自己吃剩的桃子给我吃。"所以,虽然弥子瑕的行为和之前相比没什么变化,但之前被认为贤德,而后来却获罪的原因,是卫君的爱憎态度有了变化。所以受君主宠爱时,才智就显得恰当而更加亲近;当被君主憎恶时,才智就变得不恰当,遭到谴责而更加疏远。所以向君主提意见、游说和评论是非的人,不能不审察君主对自己的爱憎,然后再进言。

夫龙之为虫①也,柔可狎而骑也;然其喉下有逆鳞径尺,若人有婴②之者,则必杀人。人主亦有逆鳞,说者能无婴人主之逆鳞则几③矣。

【注释】

①虫:古代泛指所有的动物。
②婴:通"撄",碰,触犯。
③几(jī):庶几,这里有"就要""快要"之意。

【译文】

龙作为一种动物,在它驯服时可以戏弄并骑着它;然而它喉咙下面有尺把长的逆鳞,如果有人触动逆鳞的话,那么龙就一定会把这个人杀死。君主也有这样的逆鳞,游说者如果能不触动君主的逆鳞,想要游说就差不多了。

备内

　　人主之患在于信人,信人则制于人。人臣之于其君,非有骨肉之亲也,缚于势而不得不事也。故为人臣者,窥觇其君心也无须臾之休,而人主怠傲处其上,此世所以有劫君弑主也。为人主而大信其子,则奸臣得乘于子以成其私,故李兑傅①赵王而饿主父。为人主而大信其妻,则奸臣得乘于妻以成其私,故优施傅丽姬,杀申生而立奚齐。夫以妻之近与子之亲而犹不可信,则其余无可信者矣。

【注释】
①傅:通"附"。

【译文】
　　君主的忧患在于相信别人,相信别人就会受制于别人。大臣对于君主,并没有骨肉之亲,因为迫于权势而不得不侍奉他罢了。因此作为臣子,窥视君主的内心,没有一刻是停止的,而君主懈怠而又傲慢地高高在上,这也是世上有劫持君主、谋杀君主的事的缘由。如果君主非常信任自己的儿子,那么奸臣就能够凭借君主的儿子来实现自己的私利,因此李兑依附赵惠文王而饿死了惠文王的父亲赵武灵王。如果君王非常信任自己的妻子,那么奸臣就能够凭借君主的妻子来实现自己的私利,因此优施依附丽姬,杀死了申生而立奚齐为太子。可见妻子的亲近和儿子的亲密,尚且不能信任,那么其他的人就没有可以信任的了。

　　且万乘之主,千乘之君,后妃、夫人、適①子为太子者,或有欲其君之蚤②死者。何以知其然? 夫妻者,非有骨肉之恩也,爱则亲,不爱则疏。语曰:"其母好者其子抱。"然则其为之反也,其母恶者其子释。丈夫年五十而好色未解③也,妇人年三十而美色衰矣。以衰美之妇人事好色之丈夫,则身死见疏贱,而子疑不为后,此后妃、夫人之所以冀其君之死者也。唯母为后而子为主,则令无不行,禁无不止,男女之乐不减于先君,而擅万乘不疑,此鸩毒扼昧④之所以用也。故《桃左春秋》曰:"人主之疾死者不能处半。"人主弗知则乱多资。故曰:利君死者众,则人主危。故王良爱马,越王勾践爱人,为战与驰。医善吮人之伤,含人之血,非骨肉之亲也,利所加也。故舆人成舆,则欲人之富贵;匠人成棺,则欲人之夭死也。非舆人仁而匠人贼也,人不贵则舆不售,人不死则棺不买。情非憎人也,利在人之死也。故后妃、夫人、太子之党成而欲君之死也,君不死则势不重。情非憎君也,利在君之死也。故人主不可以不加心于利己死者。故日月晕围于外,其贼在内;备其所憎,祸在所爱。是故明王不举不参之事,不食非常之食;远听而近视以审内外之失,省同异之言以知朋党之分,偶⑤参伍之验以责陈言之实;执后以应前,按法以治众,众端以参观。士无幸赏,无逾行,杀必当,罪不赦,则奸邪无所容其私。徭役多则民苦,民苦则权势起,权势起则复除重⑥,复除重则贵人富。苦民以富,贵人起势,以藉人臣,非天下长利也。故曰徭役少则民安,民安则下无重权,下无重权则权势灭,权势灭则德在上矣。今夫水之胜火亦明矣,然而釜鬵⑦间之,水煎沸竭尽其上,而火得炽盛焚其下,水失其所以胜者矣。今夫治之禁奸又明于此,然守法之臣为釜鬵之行,则法独明于胸中,而已失其所以禁奸者矣。上古之传言,《春秋》所记,犯法为逆以成大奸者,未尝不从尊贵之臣也。然而法令之所以备,刑罚之所以诛,常于卑贱,是以其民绝望,无所告愬⑧。大臣比周,蔽上为一,阴相善而阳相恶,以示无私,相为耳目,以候主隙。人主掩蔽,无道⑨得闻,有主名而无实,臣专法而行之,周天子是也。偏借其权势则上下易位矣,此言人臣之不可借权势也。

【注释】

①適:通"嫡"。

②蚤:通"早"。

③解:通"懈"。

④鸩毒扼昧:鸩毒,用鸩鸟的羽毛泡制的毒酒。昧,通"刎"。

⑤偶:对照。

⑥复除重:复,去除赋税。重,权势重。

⑦鬵(xín):大锅。

⑧愬:通"诉"。

⑨道:方法。

【译文】

　　何况拥有万辆兵车的大国的君王、拥有千辆兵车的中等国家的君王,他们的王后、嫔妃、夫人以及嫡子做了太子的,可能会有想要君王早点死去的。怎么知道会有这么回事呢?丈夫和妻子之间没有骨肉的恩情,如果爱她就会跟她亲近,如果不爱她就跟她疏远。俗话说:"母亲被宠爱,孩子就常被抱着。"然而把它反过来说,母亲被憎恶了,孩子也就被抛在一边了。丈夫就算到了五十岁,对美色的喜爱还没有减弱,妇人到了三十岁,美色就衰退了。让美色衰退的妇人服侍喜好美色的丈夫,那么自身就会疏远低贱,儿子也会怀疑自己不能成为继承人,这就是王后、妃子和夫人希望君主早点死去的缘故。只要母亲做了王后而儿子做了君主,那么所下的命令就不会有不能推行的,禁令就不会有不能禁止的,男女欢爱并不比先王差,但是执掌国家大权是毫无疑问的,这是毒酒、扼杀、斩杀等手段被使用的缘故。因此《桃左春秋》称:"君主因病而死的还不到一半。"君王不知道这些,犯上作乱的人就有了更多地凭借。因此说:从君主的死亡中获得利益的人越多,君主就越加危险。因此王良喜爱马,越王勾践喜爱战士,这是为了驰骋和战争。医生擅长吮吸病人的伤口,含着病人的污血,并不是因为有骨肉的亲情,而是为了利益。因此造车的人造车,就希望别人富贵;工匠制作了棺材,就希望别人夭折死亡。这不是因为造车的人仁慈而工匠狠毒,而是因为人如果不富贵,车就卖不出去;人如果不死亡,棺材就会没有人买。

工匠的本心不是憎恨人,而是能希望从人的死亡中获得利益。所以后妃、夫人、太子的党羽就希望君主早点死去,君主不死,他们的权势就不会变重。这些人本心不是憎恨君主,而是因为能从君主的死亡获得利益。所以君主必须留意那些能从自己的死亡中获得利益的人。因此太阳、月亮出现光晕,是因为它的毛病出在内部;正如防备所憎恶的人,祸患却潜伏在所宠爱的人。所以贤明的君主不做没有检验过的事,不吃不正常的食物;既探听远方的消息,又观察近处的消息,以此来审查朝廷内外的失误。通过反省相同的和不同的言论来考察朋党的区分,对比各方面的事实进行检验,以责求大臣们陈述言辞的实情;用事后的结果去检查前面的言论,依据法律来治理人民,从多方面来检验观察;士人不能有侥幸受到奖赏的,也不能有违犯法令的行为,判死刑的人一定要切合他的罪责,犯了罪就一定不能被赦免,那么奸邪的人就没有能容纳他私欲的地方了。徭役过多,人民就劳苦;人民劳苦,权势就会兴起;权势兴起了,能免除劳役的权力就会加重;能免除劳役的权力加重了,那些执掌大权的贵人就变得富有。让人民劳苦而使臣子富贵,兴起权势去资助臣子,这不是天下长久的利益。所以说:徭役少了,人民就能安乐;人民安乐,大臣就没有重权;大臣没有重权,他们就失去权势;臣下失去权势,恩德就归于君王了。水能战胜火是很明显的,可是如果用锅隔绝它们,尽管水在锅里尽力地沸腾,但火能在锅下炽热地燃烧,这是因为水失去了能胜过火的条件。现在法制能禁止奸邪,又比水战胜火这件事更明显,可是执法的大臣有着像锅阻止水熄灭火一样的行为,那么法律就只能明了于心中,但已经失去了它用来遏止奸邪的作用了。据上古的传言,《春秋》记载,靠违反法律做叛逆的事来实现自己大的奸谋的,没有不出于显贵的大臣的。但是法律禁令所防备的,刑法所惩罚的,往往是卑贱的人,因此人民感到绝望,没有地方控诉。大臣之间相互勾结,蒙蔽君主而结成一体,他们私下相互友好但表面上却装作相互憎恶,以显示他们没有私交,互为耳目,以此来等待君主的漏洞。君主被他们遮蔽,没办法得到真实情况,徒有君主的名义却没有实权,大臣专擅法令而独断专行,就如同周朝的天子一样。大臣借用了君主的权势,君臣就交换了位置,意思是不能把权势借给臣下。

内储说上七术

主之所用也七术,所察也六微。七术:一曰众端参观;二曰必罚明威;三曰信赏尽能;四曰一听责下;五曰疑诏诡使;六曰挟知而问;七曰倒言反事。此七者,主之所用也。

【译文】

君主治理臣下用了七种方法,需要考察六种细微的情况。这七种方法如下:一是经多方验证来考察臣子;二是对罪犯必须加以惩罚以显示威严;三是对功臣一定要进行赏赐来使臣子竭尽才能;四是分别听取臣子的言论来监督臣子;五是用疑虑的命令和诡诈的差遣督促臣子;六是拿自己已经知道的东西来询问臣子以测试他们是否忠诚;七是通过说相反的话、做相反的事来刺探臣子的阴谋。这是君主应该使用的七种方法。

观听不参则诚不闻,听有门户则臣壅塞。其说在侏儒之梦见灶,哀公之称"莫众而迷"。故齐人见河伯,与惠子之言"亡其半"也。其患在竖牛之饿叔孙,而江乙之说荆俗也。嗣公欲治不知,故使有敌。是以明主推积铁之类,而察一市之患。

参观一[①]

【注释】

①参观一:这是上一节文字的标题,古代将文章标题放在文末,译文时根据现代语言习惯移至前面。

【译文】

第一,参验观察臣子的言行

对臣子的观察和听取如果不通过事实加以验证,就无法了解真实情况,听取意见仅有一条门路,就被臣子蒙骗。其说在侏儒梦见灶,鲁哀公称为"莫众而迷"。因此齐人让君主看见河伯,而惠施却说"亡其半"。它的祸害因为竖牛饿死了叔孙,江乙解说楚国的风俗习惯。卫嗣公想治理好国家,可是没有掌握方法,所以让臣子相互对立。所以明主由积铁防箭推论出治国之道,以便明察市人说假话的祸害。

爱多者则法不立,威寡者则下侵上。是以刑罚不必则禁令不行。其说在董子之行石邑,与子产之教游吉也。故仲尼说陨霜,而殷法刑弃灰;将行①去乐池,而公孙鞅重轻罪。是以丽水之金不守,而积泽之火不救。成欢以太仁弱齐国,卜皮以慈惠亡魏王。管仲知之,故断死人;嗣公知之,故买胥靡。

必罚二

【注释】

①将(jiàng)行:队伍的领队。

【译文】

第二,对犯罪必须惩罚

过多的慈爱,法令就无法树立;威势不足,下级就会侵犯上级。因此刑罚不能坚决实行,禁令就无法推行。其说在董安于巡查石邑和子产教导游吉。因此孔子解释落霜,殷商的法律惩罚在路上倒灰的行为;领队离开乐池,而公孙鞅对轻罪施行重罚。所以丽水的金子不能守住,积泽的大火也无法被扑灭。成欢认为齐王过于仁慈而削弱了齐国,卜皮认为魏王太慈爱而使他灭亡。管仲明白这个道理,因此惩罚死人;卫嗣公明白这个道理,所以用重价收买逃亡的奴隶。

赏誉薄而谩①者下不用,赏誉厚而信者下轻死。其说在文子称

"若兽鹿"。故越王焚宫室,而吴起倚车辕,李悝断讼以射,宋崇门以毁死。勾践知之,故式②怒蛙;昭侯知之,故藏弊袴③。厚赏之使人为贲、诸④也,妇人之拾蚕,渔者之握鳝⑤,是以效之。

赏誉三

【注释】

①谩:欺骗、诽谤。
②式:致敬、效法。
③袴:指裤子。
④贲(bēn)、诸:孟贲、专诸,都为古代著名的勇士。
⑤鳝:通"鳝",指鳝鱼。

【译文】

第三,对有功的人一定会奖赏

奖赏微薄而又不能兑现,臣子就不为君王所用;奖赏丰厚而守信用的,臣子就争着为君王效力。相关解说在文子所称臣下"若兽鹿"。所以越王要焚烧宫殿,而吴起要将车辕立在门外,李悝要通过射箭来决断诉讼,宋国崇门的人因为哀伤过度而死去。勾践明白这个道理,所以会向怒蛙致敬;韩昭侯明白这个道理,所以收藏旧的裤子。厚赏使人成为孟贲、专诸,妇人拾蚕,渔人捉鳝鱼,这正是说明这点。

一听则智愚不分①,责下则人臣不参。其说在"索郑②"与"吹竽"。其患在申子之以赵绍、韩沓为尝试。故公子氾议割河东,而应侯谋弛上党。

一听四

【注释】

①不分:"不"字为衍文。分:混乱。
②郑:指韩国。

【译文】

第四,一一听取臣下意见

全面听取臣下意见,就可以分辨贤愚;善于监督臣下的行为,臣下就不无法混淆君主的视听。解说在"索郑"和"吹竽"。它的祸患表现在申子用赵绍、韩沓来试探韩昭侯。所以会有公子氾建议割让河东,会有应侯范雎建议放弃上党。

数见久待而不任,奸则鹿散。使人问他则不鬻私。是以庞敬还公大夫①,而戴欢诏视辒车②。周主亡玉簪,商太宰论牛矢③。

诡使五

【注释】

①公大夫:管理官员的头领。

②辒(wēn)车:指卧车。

③矢:通"屎"。

【译文】

第五,发出会使臣下猜疑的命令

屡次召见臣下而让他们久等却不加以任用,奸臣就像惊鹿一样散去。让人帮忙办事的时候询问其他事,他们就不敢谋划私利。所以庞敬召还了公大夫,戴欢令人侦察卧车。周王假装丢失玉簪,宋国太宰要讨论牛屎。

挟智而问,则不智者至;深智一物,众隐皆变①。其说在昭侯之握一爪也。故必南门而三乡②得。周主索曲杖而群臣惧,卜皮事庶子,西门豹详③遗辖。

挟智六

【注释】

①变:通"辨",辨明。

②乡:通"向",方向。
③详:通"佯",假装。

【译文】
第六,拿自己已经知道的事询问臣下

拿自己已经知道的事询问臣下,那么不知道的事也能知道了;深入地了解一件事,其他不知道的事也可以分辨出来了。有关解说在韩昭侯握着一只指甲。因此确定了南门的情况,然后其他三个门的情况也就知道了。周王索要弯曲的手杖,引起群臣恐惧;卜皮服侍御史的小妾,西门豹假装丢失车辖。

倒言反事以尝所疑则奸情得。故阳山谩樛竖,淖齿为秦使,齐人欲为乱,子之以白马,子产离讼者,嗣公过关市。

倒言七
右经①

【注释】
①右经:古代从右向左竖行书写,"右"指上文。

【译文】
第七,说相反的话、做相反的事

说反话、做反事,来测试自己怀疑的人,就能得知他们的奸谋。因此阳山欺骗樛竖,淖齿假扮秦国的使者,齐国人想要作乱会驱逐自己所喜爱的人,子之假说有白马跑出东门测试左右,子产隔离诉讼双方,卫嗣公命人假扮客商通过关口。

上面是经文。

说一

卫灵公之时,弥子瑕有宠,专于卫国。侏儒有见公者曰:"臣之梦践矣。"公曰:"何梦?"对曰:"梦见灶,为见公也。"公怒曰:"吾闻见人主者梦见日,奚为见寡人而梦见灶?"对曰:"夫日兼烛天下,一物不能当也；人君兼烛一国，一人不能壅也。故将见人主者梦见日。夫灶一人炀①焉，则后人无从见矣。今或者一人，有炀君者乎？则臣虽梦见灶，不亦可乎！"

【注释】

①炀：此处指向火取暖、烘烤、烤火的意思。下文"炀君"，指蒙蔽君主。

【译文】

对"经一"的解说

卫灵公时，弥子瑕受到宠爱，在卫国专权。有个侏儒谒见灵公，说："我的梦应验了。"灵公问他："什么梦？"他回答说："我梦见灶，结果见到您了。"灵公发怒说："我听说见到君主的人会梦见太阳，为什么见到我却梦见灶了呢？"侏儒回答说："太阳可以普照天下，一件东西是挡不住的；君主普照一国的人，一个人蒙蔽不了他。所以将要见到君主的人会梦见太阳。那灶前有一个人在向火取暖，后面的人就看不到光亮了。现在或许就有一个人蒙蔽了您吧？那即使我梦见灶，不也是可以的吗！"

鲁哀公问于孔子曰："鄙谚曰：'莫众而迷。'今寡人举事，与群臣虑之，而国愈乱，其故何也？"孔子对曰："明主之问臣，一人知之，一人不知也。如是者，明主在上，群臣直议于下。今群臣无不一辞同轨乎季孙者，举鲁国尽化为一，君虽问境内之人，犹不免于乱也。"

【译文】

鲁哀公问孔子说："民间俗语说：'没有人合计就会迷乱。'现在我做事和群臣谋划，但是国家却更混乱，这是为什么呢？"孔子回答说："贤明的君主问臣下，有人知道，便会有人不知道。像这样，明君在上，群臣就可以直率地在下议论。现在群臣众口一词都赞同季孙，整个鲁国变成了一个人一样，君主即使问国内所有的人，仍然难免混乱。"

一曰：晏子聘鲁，哀公问曰："语曰：'莫三人而迷。'今寡人与一国虑之，鲁不免于乱，何也？"晏子曰："古之所谓'莫三人而迷'者，一人失之，二人得之，三人足以为众矣，故曰'莫三人而迷'。今鲁国之群臣以千百数，一言于季氏之私，人数非不众，所言者一人也，安得三哉？"

【译文】

又一种说法：晏子访问鲁国，鲁哀公问道："俗话说：'没有三个人商量就会迷惑。'现在我和一国的人共同商议，鲁国还是不能免于混乱，为什么呢？"晏子说道："古人所谓的'没有三个人商量就会迷惑'，是说一个人意见错误，还有两个人可能正确，三个人足以形成正确的多数了，所以说没有三个人商量就会迷惑。现在鲁国的群臣虽以千、百来计算，言辞却都统一于季氏的私人意见，人数不是不多，但所说的话就像出自一个人的口，怎么能算三个人呢？"

齐人有谓齐王曰："河伯，大神也。王何不试与之遇乎？臣请使王遇之。"乃为坛场大水之上，而与王立之焉。有间，大鱼动，因曰："此河伯。"

【译文】

有个齐国人对齐王说："黄河神是大神，大王为什么不尝试见见他呢？我愿意帮您见到他。"于是在河边筑起坛场，和齐王站在坛上。一会儿，有大鱼在下边游动，齐人就说："这就是黄河神。"

张仪欲以秦、韩与魏之势伐齐、荆，而惠施欲以齐、荆偃兵，二人争之。群臣左右皆为张子言，而以攻齐、荆为利，而莫为惠子言。王果听张子，而以惠子言为不可。攻齐、荆事已定，惠子入见。王言曰："先生毋言矣。攻齐、荆之事果利矣，一国尽以为然。"惠子因说:"不可不察也。夫齐、荆之事也诚利,一国尽以为利,是何智者之众也?攻齐、荆之事诚不利,一国尽以为利,何愚者之众也?凡谋者,'疑也。疑也者,诚疑;以为可者半,以为不可者半。今一国尽以为可,是王亡半也。劫主者固亡其半者也。"

【译文】

张仪想凭秦国、韩国和魏国联合的势力攻打齐国和楚国,而惠施想要和齐国、楚国言和,两人争论。群臣都帮张仪说话,认为攻打齐国和楚国为有利,没有支持惠施的。魏王果然听从了张仪的,而认为惠施的言论是错的。攻打齐国和楚国的事情已经确定,惠施去觐见魏王。魏王说:"先生不必再说了,攻打齐国和楚国的事确实有利,全国人都认为是这样的。"惠施就说:"不能不细查啊!如果攻打齐国和楚国的确有利,全国人也都认为有利,聪明人为什么这么多呢?如果攻打齐国和楚国的确不利,全国人都认为有利,愚蠢的人为什么这么多呢?凡是要谋划的事,必然有所怀疑。这些怀疑,如果确实是疑惑不定,那么应该是认为可行的有一半,认为不可行的人有一半。现在全国都认为可行,说明大王失去了一半人的意见。被挟持的君主就是失去那半数人意见的人啊!"

叔孙相鲁,贵而主断。其所爱者曰竖牛,亦擅用叔孙之令。叔孙有子曰壬,竖牛妒而欲杀之,因与壬游于鲁君所,鲁君赐之玉环,壬拜受之而不敢佩,使竖牛请之叔孙,竖牛欺之曰:"吾已为尔请之矣,使尔佩之。"壬因佩之。竖牛因谓叔孙:"何不见壬于君乎?"叔孙曰:"孺子何足见也。"竖牛曰:"壬固已数见于君矣。君赐之玉环,壬已佩之矣。"叔孙召壬见之,而果佩之,叔孙怒而杀壬。壬兄曰丙,竖牛又妒而欲杀之。叔孙为丙铸钟,钟成,丙不敢击,使竖牛请之叔孙。竖牛不为请,又欺之曰:"吾已为尔请之矣。使尔击之。"丙因击之,叔孙闻之曰:"丙不请而擅击钟。"怒而逐之。丙出走齐。居一年,竖牛为谢叔孙,叔孙使竖牛召之,又不召而报之曰:

"吾已召之矣。丙怒甚,不肯来。"叔孙大怒,使人杀之。二子已死,叔孙有病,竖牛因独养之而去左右,不内①人,曰:"叔孙不欲闻人声。"因不食而饿杀。叔孙已死,竖牛因不发丧也,徙其府库重宝空之而奔齐。夫听所信之言,而子父为人僇②,此不参之患也。

【注释】

①内:通"纳",进。
②僇:通"戮",杀戮。

【译文】

　　叔孙做鲁国相国,地位尊贵而专权独断。他所宠信的人叫竖牛,也独揽了叔孙的命令。叔孙有个儿子叫仲壬,竖牛妒忌他,因而和壬一起到鲁君那里。鲁君赐给仲壬玉环,仲壬拜谢后却不敢佩戴,他让竖牛请示叔孙,竖牛骗他说:"我已经替你请示过了,鲁君让你佩戴。"于是壬就佩戴了。竖牛因而对叔孙说:"为什么不让仲壬见国君?"叔孙说:"小孩子哪里有资格见国君!"竖牛说:"仲壬本来已经多次见过国君了。国君赐给了他玉环,他已佩上了。"叔孙召见仲壬,见他果然佩戴着玉环,就愤怒地杀死了仲壬。仲壬的哥哥叫丙,竖牛也嫉妒想杀了他。叔孙为丙铸口钟,钟铸成后,丙不敢擅自敲击,让竖牛向叔孙请示。竖牛没帮他请示,又骗他说:"我已经替你请示过了,他让你敲击。"丙就敲击了钟。叔孙听到了,就说:"丙不请示就擅自敲响了钟。"愤怒之下赶走了丙。丙逃到齐国。住了一年,竖牛假装为他向叔孙谢罪,叔孙让竖牛召回他,竖牛不召唤而回报说:"我已经召唤他了。丙很生气,不肯来。"叔孙十分愤怒,派人杀死了丙。两个儿子已经死了,叔孙患病,竖牛借口单独照顾他,赶走左右侍从,不让别人接近叔孙,说:"叔孙不想听到别人的声音。"不给叔孙吃东西,饿死了叔孙。叔孙死后,竖牛又不发讣告,把叔孙府库里的宝物搬空,逃到齐国。偏信了宠信人的话,结果父子都被人杀死,这就是不加验证的祸患啊!

　　江乙为魏王使荆,谓荆王曰:"臣入王之境内,闻王之国俗曰:

'君子不蔽人之美,不言人之恶。'诚有之乎?"王曰:"有之。""然则若白公之乱,得庶无危乎?诚得如此,臣免死罪矣。"

【译文】

江乙为魏王访问楚国,对楚王说:"我进入大王的国境,听说大王国家的风俗是:'君子不遮盖人的美德,不说人的罪恶。'确实有这样的风气吗?"楚王说:"有。""既然这样,那么像白公之类的造反作乱,国家怎能没有危险?确实如此的话,臣就可以幸免死罪了。"

卫嗣君重如耳,爱世姬,而恐其皆因其爱重以壅己也,乃贵薄疑以敌如耳,尊魏姬以耦世姬,曰:"以是相参①也。"嗣君知欲无壅,而未得其术也。夫不使贱议贵,下必坐②上,而必待势重之钧③也,而后敢相议,则是益树壅塞之臣也。嗣君之壅乃始。

【注释】

①参:等同,匹敌。
②坐:定罪,由……获罪。
③钧:通"均"。

【译文】

卫嗣君看重如耳,宠爱妃子世姬,但却怕他们都依靠宠爱来蒙蔽自己,于是宠爱薄疑来和如耳抗衡,使魏姬尊宠来和世姬匹敌,说:"以此来互相对付。"嗣君想不被蒙蔽,却没有找到不被蒙蔽的方法。不使地位卑贱的人议论地位尊贵的人,不使下属和上级连坐,而一定要等势均力敌时,然后才敢互相议论,那就等于更多地树立蒙蔽君主的臣子。于是嗣君被蒙蔽就开始了。

夫矢来有乡,则积铁以备一乡;矢来无乡,则为铁室以尽备之。备之则体不伤。故彼以尽备之不伤,此以尽敌之无奸也。

【译文】

弓箭射来有一定的方向,那么就堆积铁器来防备这个方向;箭射来如果没有一定方向,就建造铁屋子来全面防备着。有防备了,身体就不会受伤。所以人们凭借防备以求不受伤,君主依靠全面应对以求没有奸臣。

庞恭与太子质①于邯郸,谓魏王曰:"今一人言市有虎,王信之乎?"曰:"不信。""二人言市有虎,王信之乎?"曰:"不信。""三人言市有虎,王信之乎?"王曰:"寡人信之。"庞恭曰:"夫市之无虎也明矣,然而三人言而成虎。今邯郸之去魏也远于市,议臣者过于三人,愿王察之。"庞恭从邯郸反②,竟不得见。

【注释】

①质:指做人质。
②反:通"返",回去,返回。

【译文】

庞恭和太子在赵都邯郸做人质,他对魏王说:"目前有人说集市上有老虎,大王您相信他吗?"魏王说:"不相信。""两个人说集市上有老虎,大王会相信他们吗?"魏王说:"不相信。""三个人说集市上有老虎,大王会相信他们吗?"魏王说:"我相信。"庞恭说:"集市上没有老虎是很明显的事,可是三个人说就成了真事。现在邯郸离魏国的距离远于集市,议论我的人也超过三个,希望大王能够明察。"庞恭从邯郸返回来,最终竟然还是不能见到魏王。

说二

董阏于为赵上地守,行石邑山中,涧深,峭如墙,深百仞。因问其旁乡①左右曰:"人尝有入此者乎?"对曰:"无有。"曰:"婴儿、痴聋、狂悖之人尝有入此者乎?"对曰:"无有。""牛马犬彘尝有入此者乎?"对曰:"无有。"董阏于喟然太息曰:"吾能治矣。使吾法之无赦,犹入涧之必死也,则人莫之敢犯也,何为不治?"

【注释】

①旁乡:旁,通"傍",接近,靠近。乡,通"向",朝向,面向。

【译文】

对"经二"的解说

董阏于做赵国上党地区的郡守,他巡视石邑的山里,看见山涧很深,峭壁如同墙一样陡峭,深达千丈。于是寻问邻近山涧居住的人:"曾经有人掉进去吗?"周围住的人回答说:"没有。"又问:"曾有婴儿、傻子、聋子、疯子掉进去吗?"依然回答说:"没有。""曾有牛马狗猪之类掉进去的吗?"还是回答说:"没有。"董阏于便感慨道:"我可以治理了。如果我的法令坚决严苛,犯罪不能被赦免,就像掉进这深涧就必然会死一样,那就没人敢违反了。怎么会治理不好呢?"

子产相郑,病将死,谓游吉曰:"我死后,子必用郑,必以严莅人。夫火形严,故人鲜灼;水形懦,人多溺。子必严子之形,无令溺子之懦故。"子产死,游吉不肯严形。郑少年相率为盗,处于萑泽①,将遂以为郑祸。游吉率车骑与战,一日一夜,仅能克之。游吉喟然叹曰:"吾蚤行夫子之教,必不悔至于此矣。"

【注释】

①萑(huán)泽:萑,通"萑"。萑泽,地名,今河南中牟。

【译文】

子产在郑国做宰相,病得很重快死了,便对游吉说:"等我死了以后,你一定会在郑国执政,一定要用严厉的手段来治理民众。火的样子是严酷的,所以人们很少被烧伤;水的样子很柔弱,所以很多人被淹死。你必须使你的形象严厉,不要让人们因你的柔弱而犯法致死。"子产死后,游吉不肯严厉执行法律。郑国年轻人拉帮结伙成为强盗,盘踞萑泽,即将成为郑国的祸患。游吉率领车骑和他们作战,打了一天一夜才打败了他们。游吉感慨地说:"如果我早听从子产的教导,一定不会像今天这样后悔。"

鲁哀公问于仲尼曰:"《春秋》之记曰:'冬十二月,陨霜,不杀菽。'何为记此?"仲尼对曰:"此言可以杀而不杀也。夫宜杀而不杀,桃李冬实。天失道,草木犹犯干之,而况于人君乎?"

【译文】
鲁哀公问孔子说:"《春秋》上面记载:'冬季十二月降霜,没有伤害大豆类作物。'为什么要记下这个?"孔子回答说:"这是说本来可以摧残而不摧残它。应该摧残却没有摧残,桃李便会在冬天结果。天违背了正常规律,草木也会违抗它,何况君主呢!"

殷之法,刑弃灰于街者。子贡以为重,问之仲尼,仲尼曰:"知治之道也。夫弃灰于街必掩人,掩人人必怒,怒则斗,斗必三族相残也。此残三族之道也,虽刑之可也。且夫重罚者,人之所恶也;而无弃灰,人之所易也。使人行之所易,而无离①所恶,此治之道。"

【注释】
①离:通"罹",遇到,遭遇。

【译文】
殷商的法令规定,在街上倒灰土的人要受到刑罚。子贡认为这样惩罚过重,于是去请教孔子。孔子便说:"他们懂得治理的方法。在街上倒灰土一定会侵袭人,被侵袭的人便会发怒,发怒就会引发争斗,争斗就会造成家族伤残。这是让家族伤残的做法啊,即便是惩罚他也是应该的。况且重罚是人们所憎恶的,不倒灰土却是人们容易做到的,让人们去做容易做到的,而不要受所憎恶的惩罚,这便是治理的方法。"

一曰:殷之法,弃灰于公道者断其手。子贡曰:"弃灰之罪轻,断手之罚重,古人何太毅也?"曰:"无弃灰,所易也;断手,所恶也。行所易,不关①所恶,古人以为易,故行之。"

【注释】

①关:陷入,犯。

【译文】

另一种说法是:殷商的法令规定,在公道上倒灰的人会被砍断手。子贡说:"倒灰的罪过轻,断手的处罚严重,古人为什么要这样严酷呢?"孔子说:"不倒灰是容易的事,断手是人们所厌恶的。做容易做到的事,不陷入厌恶的事,古人认为是容易的,因此有这样的法条。"

中山之相乐池以车百乘使赵,选其客之有智能者以为将行,中道而乱。乐池曰:"吾以公为有智,而使公为将行,今中道而乱何也?"客因辞而去曰:"公不知治,有威足以服人,而利足以劝之,故能治之。今臣,君之少客也。夫从少正长,从贱治贵,而不得操其利害之柄以制之,此所以乱也。尝试使臣,彼之善者我能以为卿相,彼不善者我得以斩其首,何故而不治?"

【译文】

中山国的相国乐池带领百辆马车出访赵国,选择门客中较有智慧和能力的人作为领队,结果半路上车队就很混乱了。乐池说:"我以为您很有智慧,因此让您做领队,现在在半路上就发生了混乱,是什么原因呢?"于是门客请求告辞离开,说:"您不懂得管理的方法。有权威就会让人屈服,有利益可以用来鼓舞人,因此能管理。现在我是您门下的一个小小门客。让下级管理上级,让卑贱的管理高贵的,没办法够掌握赏罚来制约他们,这正是混乱的原因。假如试着让我做到,表现突出的我能让他们做卿相,表现不好的我会砍他们的头,怎么会管理不好他们呢?"

公孙鞅之法也重轻罪。重罪者人之所难犯也,而小过者人之所易去也。使人去其所易,无离其所难,此治之道。夫小过不生,大罪不至,是人无罪而乱不生也。

【译文】

公孙鞅的法律是用重刑处罚轻罪。重罪,是人们所不易违犯的,而小过失则是人们容易去掉的。让人改掉容易犯的过失,不违反难犯的重罪,这就是治理的办法。不发生小过失,就不会有大罪,因此人没有犯罪的,混乱也不会产生。

一曰:公孙鞅曰:"行刑重其轻者,轻者不至,重者不来,是谓以刑去刑。"

【译文】

另一说法是:公孙鞅说:"施刑的时候加重对轻罪的处罚,不会发生轻罪,重罪也便不会出现了,这就是用刑罚来去掉刑罚。"

荆南之地、丽水之中生金,人多窃采金。采金之禁,得而辄辜磔①于市,甚众,壅离②其水也,而人窃金不止。夫罪莫重辜磔于市,犹不止者,不必得也。故今有于此,曰:"予汝天下而杀汝身。"庸人不为也。夫有天下,大利也,犹不为者,知必死。故不必得也,则虽辜磔,窃金不止;知必死,则天下不为也。

【注释】

①辜磔(zhé):古代的一种分尸示众的刑法。
②壅离:壅,堵塞。离,断开、断绝。

【译文】

楚国的南部,丽水里盛产黄金,很多人去偷偷采金子。采金的禁令是,抓到就立刻在街头分尸示众,杀死了很多人,尸体让河水堵塞断流,而偷采金子的人还是无法禁绝。罪过没有比当街分尸示众更严重的了,还是无法禁止,因为未必会被抓住。所以现在有人对你说:"把整个天下给你,然后将你杀死。"即便是平常的人也不会去干。拥有天下是一个很大的利益,依然不肯去干,是因为知道肯定会死。因此不一定会被抓到,那即使分尸,也阻止不了偷金子的行为;知道肯定会死,即使是拥有天下也不去干。

鲁人烧积泽①,天北风,火南倚,恐烧国。哀公惧,自将众趣②救火。左右无人,尽逐兽而火不救,乃召问仲尼。仲尼曰:"夫逐兽者乐而无罚,救火者苦而无赏,此火之所以无救也。"哀公曰:"善。"仲尼曰:"事急,不及以赏,救火者尽赏之,则国不足以赏于人,请徒行罚。"哀公曰:"善。"于是仲尼乃下令曰:"不救火者比降北之罪,逐兽者比入禁之罪。"令下未遍而火已救矣。

【注释】

①积泽:积水所形成的沼泽,多草木。

②趣:通"促",催,催促。

【译文】

鲁国人焚烧沼泽,天刮起北风,火势向南蔓延,担心要烧到都城了。鲁哀公很害怕,亲自带人救火。身边没有帮忙救火的人,都去追捕野兽了,因此火不能被扑灭,于是招来孔子询问。孔子说:"追捕野兽的人快乐而且没有刑罚,救火的人受苦却没有赏赐,这就是为什么火不能扑灭。"哀公说:"说得很好!"孔子说:"事情十分紧急,来不及赏赐别人;如果救火的都赏赐,整个国家的钱也不够用。请只施行处罚。"哀公说:"好。"于是孔子便下令说:"不救火的行为相当于投降或打败仗的罪过,追捕野兽的行为相当于闯入禁地的罪过。"命令还没有传到每个人的耳朵,火就已被扑灭了。

成欢谓齐王曰："王太仁,太不忍人。"王曰:"太仁,太不忍人,非善名邪?"对曰:"此人臣之善也,非人主之所行也。夫人臣必仁而后可与谋,不忍人而后可近也。不仁则不可与谋,忍人则不可近也。"王曰:"然则寡人安所太仁?安不忍人?"对曰:"王太仁于薛公,而太不忍于诸田。太仁薛公,则大臣无重;太不忍诸田,则父兄犯法。大臣无重,则兵弱于外;父兄犯法,则政乱于内。兵弱于外,政乱于内,此亡国之本也。"

【译文】

成欢对齐王说:"大王太仁慈了,对人不够狠心。"齐王说:"太仁慈了,对人不够狠心,不是好的声名吗?"成欢回答说:"这是臣民的好声名,不是君主所应该做的。臣子必须仁慈然后才可以和他商量,对人不狠心然后才可以亲近。不仁慈就不能和他商议,对人狠心就无法靠近。"齐王说:"那么我哪些地方太仁慈?哪些地方对人不狠心呢?"回答说:"大王对薛公太仁慈了,对田氏家族太不狠心。对薛公太仁慈了,大臣就会没有了权势;对田氏家族太不狠心,他们的父兄就会触犯法律。大臣没有了权势,对外兵力就削弱;父兄们犯法,内政就混乱不堪。对外兵力很弱,内政又很混乱,这就是国家灭亡的根源。"

魏惠王谓卜皮曰:"子闻寡人之声闻亦何如焉?"对曰:"臣闻王之慈惠也。"王欣然喜曰:"然则功且安至?"对曰:"王之功至于亡。"王曰:"慈惠,行善也。行之而亡,何也?"卜皮对曰:"夫慈者不忍,而惠者好与也。不忍则不诛有过,好予则不待有功而赏。有过不罪,无功受赏,虽亡不亦可乎?"

【译文】

魏惠王问卜皮说:"你听说的我的声名是怎样的?"卜皮回答:"我听说大王十分仁慈惠爱。"惠王十分高兴地说:"那我的功业可以达到什么地步?"回答说:"大王的功业将导致国家灭亡。"魏惠王说:"仁慈惠爱是做善事。做善事会亡国,是为什么?"卜皮回答说:"因为仁慈的人不狠心,而惠爱的人喜欢施舍。不狠心就不会惩罚有过失的人,喜好施舍不等人有功劳就赏赐。有了过失不受惩罚,没功劳却受到奖赏,即使国家灭亡不也是合理的吗?"

齐国好厚葬,布帛尽于衣衾,材木尽于棺椁。桓公患之,以告管仲曰:"布帛尽则无以为蔽①,材木尽则无以为守备,而人厚葬之不休,禁之奈何?"管仲对曰:"凡人之有为也,非名之,则利之也。"于是乃下令曰:"棺椁过度者戮其尸,罪夫当丧者。"夫戮死,无名;罪当丧者,无利。人何故为之也?

【注释】

①蔽:军队里用来遮蔽车马的帷幕。

【译文】

齐国人很喜欢厚葬,布帛都用来为死人做衣服,木材都用来做棺椁。齐桓公为此感到很忧虑,便告诉管仲说:"布帛用尽了,就没有东西用来遮体;木材用尽了,就没有东西可以用来守备。但人们厚葬不止,怎样来禁绝呢?"管仲回答说:"凡是人们的行为,不是为了追求声名,就是为了追求利益。"于是便下令说:"棺椁超过标准的,就挖坟邢戮尸体,惩罚主丧的人。"尸体被刑戮,就没了声名,惩罚主丧的人就没了利益,人们为什么还要厚葬呢?

卫嗣君之时,有胥靡逃之魏,因为襄王之后治病。卫嗣君闻之,使人请以五十金①买之,五反②而魏王不予,乃以左氏③易之。群臣左右谏曰:"夫以一都买胥靡,可乎?"王曰:"非子之所知也。夫治无小而乱无大,法不立而诛不必,虽有十左氏无益也。法立而诛必,虽失十左氏无害也。"魏王闻之曰:"主欲治而不听之,不祥。"因载而往,徒献之。

【注释】

①金:古时以黄金二十四两为一金。

②反:通"返",往返。

③左氏:即左城,在今山东曹县西北部。

【译文】

卫嗣君在做君主的时候,有囚徒逃到魏国,帮魏襄王的王后治病。卫嗣君听说这个消息后,派人请求用五十金把他买回,往返五次襄王也不答应,于是卫嗣君便用左城来交换这个逃犯。群臣和左右侍从们劝谏说:"用一座城池换取一个囚徒,可以吗?"卫嗣君说:"这不是你们所真正了解的。国家治乱的事不分大小,法律无法确立,惩罚没办法一定实施,即便有十个左城也没益处。法律确定,惩罚一定要实施,即使是失去十个左城也没有什么危害。"魏王听到这些话后说:"君主想要治理国家,我却不听从他的,这是不吉祥的事。"于是便把逃犯用车送回卫国,白白交给卫嗣君。

说三

齐王问于文子曰:"治国何如?"对曰:"夫赏罚之为道,利器也。君固握之,不可以示人。若如臣者,犹兽鹿也,唯荐草①而就。"

【注释】

①荐草:肥美茂盛的草。

【译文】

对"经三"的解说

齐王问文子说:"该怎么治理国家?"他回答说:"赏罚作为治国之道,是一种锋利的兵器。君主要牢固地掌握它,不能把它拿给人看。至于臣子们,好像鹿一样,只要有丰美的草料,就会跑过去的。"

越王问于大夫文种曰:"吾欲伐吴,可乎?"对曰:"可矣。吾赏厚而信,罚严而必。君欲知之,何不试焚宫室?"于是遂焚宫室,人莫救之,乃下令曰:"人之救火者死,比死敌之赏。救火而不死者,比胜敌之赏。不救火者,比降北之罪。"人涂其体被濡衣而走火者,左三千人,右三千人。此知必胜之势也。

【译文】

越王询问大夫文种说:"我想攻打吴国,可以吗?"文种回答说:"可以。我们的赏赐丰厚而诚信,处罚严厉而必定会执行。大王如果想知道这一点,为何不试着焚烧宫殿?"于是就放火焚烧宫殿,没有人去救火,便下令说:"假如救火的人死了,就按照和敌人战死来奖赏。救火没死的,就按照战胜敌人来奖赏。不去救火的人,按照投降、逃跑的罪责来惩罚。"人们打湿身体,披湿衣服奔赴火场的,左面有几千人,右面有几千人。由此可以知道必胜的形势。

吴起为魏武侯西河之守,秦有小亭①临境,吴起欲攻之。不去,则甚害田者;去之,则不足以征甲兵。于是乃倚一车辕②于北门之外,而令之曰:"有能徙此南门之外者赐之上田上宅。"人莫之徙也。及有徙之者,还,赐之如令。俄又置一石③赤菽④东门之外而令之曰:"有能徙此于西门之外者赐之如初。"人争徙之。乃下令曰:"明日且攻亭,有能先登者,仕之国大夫,赐之上田宅。"人争趋之,于是攻亭,一朝而拔⑤之。

【注释】

①亭:边防的哨所。

②辕:古时车前方的直木。

③石(dàn):古时十斗为一石。

④菽(shū):豆,豆子。

⑤拔:攻占,占领。

【译文】

吴起担任魏武侯的西河郡守,秦国有个小哨亭邻近边境,吴起想攻占它。不攻占小哨亭,就会危害魏国种田的人,攻占小哨亭,又不值得为此征用军队。于是吴起就把一根车辕靠在北门外,他下令说:"有能把车辕搬到南门外的人,就赐给他上等田地和住宅。"没有人搬它。后来有人去搬它,等到有了搬动它的人,按命令中那样给他赏赐。立刻又在东门外放置一石红豆,下令说:"谁能把它搬到西门外,和上次的赏赐一样。"大家便争着去搬它。于是吴起下令说:"明天将要攻打敌国的哨亭,谁能先攻占它,任命他做卿大夫,赏赐他上等田地和住宅。"人们都争着去,于是第二天攻打哨亭,一个早上就攻占了。

李悝为魏文侯上地之守,而欲人之善射也,乃下令曰:"人之有狐疑之讼者,令之射的,中之者胜,不中者负。"令下而人皆疾习射,日夜不休。及与秦人战,大败之,以人之善射也。

【译文】

李悝担任魏文侯上党郡的郡守,想要人们都善于射箭,于是就下令说:"人们遇到疑虑难以决断的诉讼,就让他们射箭靶,射中靶子的就算胜诉,射不中的就算败诉。"命令一下达,人们都急忙去练习射箭,日夜不停止。等到同秦国作战时,大胜秦国,就是因为人民善于射箭的缘故。

宋崇门之巷人服丧而毁①甚瘠,上以为慈爱于亲,举以为官师。明年,人之所以毁死者岁十余人。子之服亲丧者,为爱之也,而尚可以赏劝②也,况君上之于民乎?

【注释】

①毁:哀毁,因悲哀而使身体衰弱。
②劝:这里用为勉励之意。

【译文】

宋国崇门巷子里有个平民为亲人守丧,因为过度悲哀使得身体很瘦弱,君主认为他对亲人很慈爱,就提拔他为官长。第二年,人民因为服丧时过度悲哀而死去的,一年就有十几个人。儿子为父母穿丧服,因为爱父母,尚且可以用奖赏来勉励他,何况君主对于民众呢?

越王虑伐吴,欲人之轻死也,出见怒蛙,乃为之式。从者曰:"奚敬于此?"王曰:"为其有气故也。"明年之请以头献王者岁十余人。由此观之,誉之足以杀人矣。

【译文】

越王考虑攻打吴国,想要民众轻视死亡,外出时看见愤怒的青蛙,就向它敬礼。侍从说:"为何要敬重它呢?"越王说:"这是因为它有勇气的缘故。"第二年请求把人头献给越王的,一年中就有十几个人。由此看来,赞誉人也足够使人们舍生忘死了。

一曰:越王勾践见怒蛙而式之,御者曰:"何为式?"王曰:"蛙有气如此,可无为式乎?"士人闻之曰:"蛙有气,王犹为式,况士人之有勇者乎!"是岁人有自刭死以其头献者。故越王将复①吴而试其教:燔台而鼓之,使民赴火者,赏在火也;临江而鼓之,使人赴水者,赏在水也;临战而使人绝头刳腹而无顾心者,赏在兵也。又况据法而进贤,其助甚此矣。

【注释】

①复:报复,复仇。

【译文】

另一种说法是:越王勾践看见愤怒的青蛙就敬礼,驾车的人问:"为何要行礼?"越王说:"青蛙这样气势汹汹,怎么可以不向它敬礼呢?"士人们听说了,就说:"青蛙有气势,大王尚且向它行礼,何况人们有勇气呢?"那一年便有人自杀,把自己的头献给了越王。所以越王准备报复吴国,而尝试自己去教导的效果:放火焚烧高台而敲击战鼓,让人们奔赴火场,是因为赏赐在火中的人;面对大江敲响战鼓,让人们下水,是因为赏赐在水中的人;面对战争就让人们断头剖腹,却没有反顾之心,是因为赏赐作战的士兵。更何况依据法律任用贤才,它的鼓舞作用比这更大。

韩昭侯使人藏弊袴,侍者曰:"君亦不仁矣,弊袴不以赐左右而藏之。"昭侯曰:"非子之所知也。吾闻明主之爱①,一颦一笑,颦有为颦,而笑有为笑。今夫袴岂特颦笑哉?袴之与颦笑相去远矣,吾必待有功者,故藏之未有予也。"

【注释】
①爱:珍惜。

【译文】
韩昭侯让人把破旧的裤子收藏起来,侍从说:"您太不仁爱了,破旧的裤子不赏赐给左右的人,却要收藏起来。"韩昭侯说:"这不是你所理解的。我听说明君的行为,一皱眉一微笑都要加以珍惜,皱眉是有理由的,微笑也是有理由的。现在一条裤子岂止是皱眉和微笑啊?裤子和皱眉微笑相差得远了,我一定要等待有功劳的人,因此收藏起来没有给别人。"

鳝似蛇,蚕似蠋①。人见蛇则惊骇,见蠋则毛起。然而妇人拾蚕,渔者握鳝,利之所在,则忘其所恶,皆为孟贲。

【注释】
①蠋(zhú):毛毛虫。

【译文】
鳝鱼很像蛇,蚕很像毛毛虫。人们见到蛇就惊恐害怕,见到毛毛虫就汗毛竖起。可是养蚕的妇女用手拾蚕,捕鱼的人抓鳝鱼,因为有利益,就会忘记它们让人厌恶的地方,都成了像孟贲一般的勇士。

说四

魏王谓郑①王曰:"始郑、梁②一国也,已而别,今愿复得郑而合之梁。"郑君患之,召群臣而与之谋所以对魏,郑公子谓郑君曰:"此甚易应也。君对魏曰:'以郑为故魏而可合也,则弊邑亦愿得梁而合之郑。'"魏王乃止。

【注释】

①郑:地名。此处指韩国。
②梁:周时诸侯国名,魏国首都大梁,所以用梁来代指魏国。

【译文】

对"经四"的解说

魏王对韩王说:"之前韩国和魏国是一个国家,后来才分开了,现在希望韩国重新合并到魏国来。"韩王很为这件事忧虑,召集群臣同他们商议对付魏国的办法,韩国公子对韩王说:"这十分容易应对。您可以对魏王说:'假如韩国是过去的魏国就可以被兼并,那么我国也想让魏国并到韩国来。'"于是魏王就罢休不提了。

齐宣王使人吹竽,必三百人,南郭处士请为王吹竽,宣王说①之,廪食以②数百人。宣王死,湣王立,好一一听之,处士逃。

【注释】

①说:通"悦"。
②以:如,若,像。

【译文】

齐宣王让人们吹竽,一定要有三百个人一起吹,有位叫南郭先生的请求为齐宣王吹竽,齐宣王很高兴,发给他的俸粮跟那几百人一样。齐宣王死后，湣王即位，他喜欢听人一个一个吹竽，南郭先生于是就逃跑了。

一曰：韩昭侯曰："吹竽者众，吾无以知其善者。"田严对曰："一一而听之。"

【译文】
另一种说法是：韩昭侯说："吹竽的人多了，我没法知道谁才吹得好。"田严回答道："一个一个听他们吹。"

赵令人因申子于韩请兵，将以攻魏。申子欲言之君，而恐君之疑己外市①也，不则恐恶于赵，乃令赵绍、韩沓尝试君之动貌而后言之。内则知昭侯之意，外则有得赵之功。

【注释】
①市：交往，交易。

【译文】
赵国让人通过申子向韩国请求其出兵，准备攻打魏国。申子想对君主进言，又怕韩军怀疑自己和其他国家交易，不进言又怕得罪了赵国，于是他让赵绍、韩沓试探君主的态度，然后再去进言。对内明白了韩昭侯的心意，对外则有帮助赵国的功劳。

三国兵至韩①，秦王谓楼缓曰："三国之兵深矣，寡人欲割河东而讲②，何如？"对曰："夫割河东，大费也；免国于患，大功也。此父兄之任也，王何不召公子汜而问焉？"王召公子汜而告之，对曰："讲亦悔，不讲亦悔。王今割河东而讲，三国归，王必曰：'三国固且去矣，吾特以三城送之。'不讲，三国也入韩，则国必大举矣，王必大悔，王曰：'不献三城也。'臣故曰：'王讲亦悔，不讲亦悔。'"王曰：

"为我悔也,宁亡三城而悔,无危乃悔。寡人断讲矣。"

【注释】

①韩:应为"函"的误字,指函谷关。

②讲:讲和,求和。

【译文】

三个国家的军队集结到了函谷关,秦王对楼缓说:"三个国家的军队要深入我国了,我想割让黄河以东的地区来讲和,怎么样呢?"楼缓回答道:"割让黄河以东是大损失,解除国家忧患是大功劳。这是您父兄的职责,大王为什么不召见公子氾来询问呢?"秦王召见公子氾并告诉了他相关情况,公子氾回答说:"讲和也会后悔,不讲和也会后悔。大王现在如果割让河东讲和,三个国家军队撤兵,大王一定说:'三个国家本来就要撤退,我白白把三座城池送给他们。'如果不去讲和,三个国家进入函谷关,那么国家一定会全部被占领,大王一定感到非常后悔,大王一定会说:'这是因为没有割让三座城池啊!'所以我说:'大王讲和也会后悔,不讲和也会后悔。'"秦王说:"既然都会后悔,宁愿因为失去三座城而后悔,不能等到国家危亡了才后悔。我决定去讲和了。"

应侯谓秦王曰:"王得宛、叶、蓝田、阳夏,断河内,因①梁、郑,所以未王者,赵未服也。弛②上党在一而已,以临东阳,则邯郸口中虱也。王拱而朝天下,后者以兵中③之。然上党之安乐,其处甚剧,臣恐弛之而不听,奈何?"王曰:"必弛易之矣。"

【注释】

①因:通过,经过。

②弛:松弛,舍弃。

③中:攻打,攻击。

【译文】

应侯对秦王说:"大王得到宛、叶、蓝田、阳夏几个地方,隔绝黄河以内,围困魏国、韩国,之所以没能称王天下,是因赵国没有被征服。即使放弃上党,不过丢掉一个郡,用兵力去逼近东阳,邯郸就成了口中的虱子。大王拱手接受天下诸侯的朝拜,后来朝拜的就发兵攻打他。然而现在上党十分安定,地势又很险峻,我怕劝您放弃您也不会听从,怎么办呢?"秦王说:"一定放弃上党,换个地方进攻。"

说五

庞敬,县令也。遣市者行①,而召公大夫而还之。立有间,无以诏之,卒遣行。市者以为令与公大夫有言,不相信,以至无奸。

【注释】

①行:出去巡行。

【译文】

对"经五"的解说

庞敬是个县令。他派遣管理市场的人出去巡行,却召回了另一位市场的长官。站了一会儿,庞敬也没有向他下命令,然后便让他走了。管理的人认为县令和长官密谈了,而对他们不相信,因此再没有人敢做坏事了。

戴欢,宋太宰,夜使人曰:"吾闻数夜有乘辒车至李史门者,谨为我伺之。"使人报曰:"不见辒车,见有奉①筥②而与李史语者,有间,李史受筥。"

【注释】

①奉:通"捧",捧着。

②筥:一种盛饭食或衣物的竹器。

【译文】

戴欢是宋国的太宰,夜间派人说:"我听说最近几个晚上有人乘坐卧车到李史的家里,替我监视他。"派出去的人汇报说:"没有看到有卧车,只看到有人捧着筒和李史说话的,过了一会儿,李史收下了竹筒。"

周主亡玉簪,令吏求之,三日不能得也。周主令人求而得之家人之屋间,周主曰:"吾知吏之不事事也。求簪,三日不得之,吾令人求之,不移日而得之。"于是吏皆耸①惧,以为君神明也。

【注释】
①耸:通"悚",惊恐,惊惧。

【译文】
周王丢了玉簪,让官吏们去寻找,三天都没有找到。周王又命令人寻找,结果就在家人的房间里找到了,周王说:"我的官吏不认真做事。寻找丢失的簪子,三天都没有找到,我派人寻找,不到一天就找到了。"于是官吏都恐惧不已,认为君主神圣英明。

商①太宰使少庶子之市,顾反而问之曰:"何见于市?"对曰:"无见也。"太宰曰:"虽然,何见也?"对曰:"市南门之外甚众牛车,仅可以行耳。"太宰因诫使者"无敢告人吾所问于女②"。因召市吏而诮③之曰:"市门之外何多牛屎?"市吏甚怪太宰知之疾也,乃悚惧其所④也。

【注释】
①商:上的后裔宋国。
②女:通"汝"。
③诮:讥讽,讽刺。
④所:处。指职务所在。

【译文】
宋国太宰派年轻的家臣到市场去,回来之后问他:"在市场上看到了什么?"家臣回答说:"没看到什么。"太宰说:"虽说如此,还是说说看见了什么?"家臣回答说:"市场南门外牛车很多,刚刚通行而已。"太宰就告诫他:"不要对别人说我问过你。"于是太宰召见管理市场的官吏,讥讽他说:"市场门外为什么那么多牛屎啊?"市吏感到非常奇怪,为何太宰这么快就知道了,于是开始很小心地对待自己的工作。

说六

韩昭侯握爪而佯亡一爪,求之甚急,左右因割其爪而效之,昭侯以此察左右之诚不①。

【注释】

①不:通"否",这里为是否之意。

【译文】

对"经六"的解说

韩昭侯握在手里一个指甲,装作丢失了一个指甲,寻找得非常着急,于是左右侍从割下自己的指甲献上。韩昭侯用这种办法观察身边的侍从是否忠诚。

韩昭侯使骑于县,使者报,昭侯问曰:"何见也?"对曰:"无所见也。"昭侯曰:"虽然,何见?"曰:"南门之外,有黄犊食苗道左者。"昭侯谓使者"毋敢泄吾所问于女"。乃下令曰:"当苗时,禁牛马入人田中固有令,而吏不以为事,牛马甚多入人田中,亟①举其数上之。不得,将重其罪。"于是三乡②举而上之。昭侯曰:"未尽也。"复往审之,乃得南门之外黄犊。吏以昭侯为明察,皆悚惧其所而不敢为非。

【注释】

①亟:快速,迅速。
②乡:通"向",方向。

【译文】

韩昭侯派人骑马到县中巡视,使者回来汇报,韩昭侯问他:"看到了什么?"他回答说:"没看到什么。"韩昭侯说:"虽说如此,还是说说见到了什么?"使者回答说:"南门外有小黄牛在大路左边吃禾苗。"韩昭侯便对这使者说:"不要向别人泄露我问你的话。"于是便下令说:"正值禾苗生长的时候,本来就有命令禁止牛马进入田中,而官吏不把这当回事,很多牛马进入田里,立即统计具体的数字报告上来。有漏掉的,就加重你们的罪过。"于是东、西、北三个方向都把数字报了上来。韩昭侯说:"还没有报全。"再去检查,就查出了南门外的小黄牛。官吏认为韩昭侯能够明察秋毫,都小心谨慎地履行工作职责而不敢为非作歹。

周主下令索曲杖,吏求之数日不能得,周主私使人求之,不移日而得之,乃谓吏曰:"吾知吏不事事也。曲杖甚易也,而吏不能得,我令人求之,不移日而得之,岂可谓忠哉?"吏乃皆悚惧其所,以君为神明。

【译文】

周王下令寻找弯曲的手杖,官吏寻找了几天也没有找到,东周王私下让人再寻找,不到一天就找到了,于是就对官吏说:"我知道你们官吏不认真做事。弯曲的手杖很容易找,但官吏却找不到,我派人寻找,不到一天就找到了,他们难道能算是忠臣吗?"于是官吏都惶恐小心地履行工作职责,认为君主是神圣英明的人。

卜皮为县令。其御史污秽,而有爱妾。卜皮乃使少庶子佯爱之,以知御史阴情。

【译文】

卜皮做县令。他的御史行为不端正,有一个宠爱的小妾。卜皮于是就让年轻的家臣假装去爱她,靠这种办法了解御史不为人知的隐私。

西门豹为邺令,佯亡其车辖,令吏求之不能得,使人求之而得之家人屋间。

【译文】
西门豹做邺城县令,假装丢失了车辖,命令官吏寻找,没有找到,派人去寻找,就在家人的屋子里面找到了。

说七
阳山君相卫,闻王之疑己也,乃伪谤樛竖以知之。

【译文】
对"经七"的解说
阳山君做了卫国相国,听说君王怀疑自己,于是就假装诽谤樛竖来探测卫王是不是真的怀疑自己。

淖齿闻齐王之恶己也,乃矫为秦使以知之。

【译文】
淖齿听说齐王讨厌自己,于是就派人假装成秦国使者来打听这件事。

齐人有欲为乱者,恐王知之,因诈逐所爱者,令走王知之。

【译文】
齐人有想造反作乱的,恐惧齐王知道,于是假装驱逐自己喜爱的人,让他逃到齐王那里探测齐王是否知道。

子之相燕,坐而佯言曰:"走出门者何白马也?"左右皆言不见。

有一人走追之,报曰:"有。"子之以此知左右之诚信不。

【译文】
子之做了燕国相国,坐在那儿说假话:"为何有白马跑出门外?"左右侍从们都说没看见。有一个人跑去追赶,回报说:"确实有白马。"子之用这种方法来了解左右是否诚信。

有相与讼者,子产离之而无使得通辞,倒其言以告而知之。

【译文】
有互相争论的两个人,子产将他们分开,使他们不能相互通话,把他们的话颠倒过来告诉对方,从而了解到实情。

卫嗣公使人为客过关市,关市苛难之,因事关市以金,关吏乃舍之。嗣公为关吏曰:"某时有客过而所,与汝金,而汝因遣之。"关市乃大恐,而以嗣公为明察。

【译文】
卫嗣公派人假装成游客通过市场的关卡,守卡的故意刁难他,于是他用黄金贿赂守卡的,于是官吏就放过了他。卫嗣公对集市的官吏说:"某个时间,有位客商通过你的地方,给你金子贿赂你,这样你才放过他。"官吏非常惊恐,认为卫嗣公能明察秋毫。

外储说左上

一、明主之道,如有若之应密子①也。明主②之听言也,美其辩;其观行也,贤其远。故群臣士民之道言者迂弘,其行身也离世。其说在田鸠对荆王也。故墨子为木鸢,讴癸筑武宫③。夫"药酒""用言",明君圣主之以独知也。

【注释】

①密子:即宓子贱,孔子的学生。
②明主:应为"人主",指君主。
③武宫:武术学堂。

【译文】

第一,贤明君主的治国方略,就像有若回答宓子贱时所说的那样。君主听取臣下的言论时,往往喜欢他们的能言善辩;观察他们的行为,称赞他们高远的志向。所以群臣士民的言论都宏大迂阔,行为也与常人不同。这在田鸠回答楚王的话中就有。所以墨子做木鸢,讴癸创建武学学堂。那么对于"药酒""用言",这是只有贤明的君主才懂得的道理啊。

二、人主之听言也,不以功用为的①,则说者多"棘刺""白马"之说;不以仪的为关,则射者皆如羿也。人主于说也,皆如燕王学道也;而长说者,皆如郑人争年也。是以言有纤察微难而非务也,故李、惠、宋、墨②皆画策③也;论有迂深闳大非用也,故畏、震、瞻、车④状皆鬼魅也;言而⑤拂难坚确非功也,故务、卞、鲍、介、墨翟⑥皆坚瓠也。且虞庆诎⑦匠也而屋坏,范且⑧穷工而弓折。是故求其诚者,非归饷也不可。

【注释】

①的:箭靶,此指目的。

②李、惠、宋、墨:李,李克;惠,惠施;宋,宋荣子;墨,墨翟。

③策:应为"荚"。

④畏、震、瞻、车:畏,应为"魏",即魏牟;震,应为"长",即长卢子;瞻,瞻何;车,应为"陈",即陈骈。

⑤言而:应为"行有"。

⑥务、卞、鲍、介、墨翟:务,务光;卞,卞随;鲍,鲍焦;介,介之推;墨翟,应为"伯夷"。

⑦诎:屈服。

⑧且:通"雎"。

【译文】

第二,君主听取大臣的言论时,如果不以用途为目的,那么游说的人就会多采用"棘刺""白马"这样的说法;如果不以箭靶为标准,那么射箭的人都能像羿一样。君主对于游说,都像燕王追求长生不老一样;而善于游说的人,都如郑国人对年龄的争论一样。所以说言论有精细明察微末难能却不是当务之急,因此李克、惠施、宋荣子、墨翟的言论都像在画荚;言论有迂阔宏大深远,但是这种言论往往不实用,所以魏牟、长卢子、瞻何、陈骈的言论就如同画中的鬼魅;行为迎难而上、坚定不移,却不会有什么实际的功效,所以务光、卞随、鲍焦、介之推、伯夷这些人都像坚硬实心的葫芦一样。再说,虞庆驯服了工匠,但房屋却坍塌了;范雎使工人生活穷困,铸造的弓却断了。所以若想要求事物真实,非回家吃饭不可。

三、挟夫相为则责望,自为则事行。故父子或怨谯,取庸①作者进美羹。说在文公之先宣言,与勾践之称如皇也。故桓公藏蔡怒而攻楚,吴起怀瘵②实而吮伤。且先王之赋颂,钟鼎之铭,皆播吾之迹、华山之博③也。然先王所期者利也,所用者力也。筑社之谚目④辞说也。请许学者而行宛曼⑤于先王,或者不宜今乎?如是不能更也,郑县人得车厄⑥也,卫人佐弋也,卜子妻写⑦弊裤也,而其少者也。先王之言,有其所为小而世意之大者,有其所为大而世意之小者,未可必知也。说在宋人之解书,与梁人之读记也。故先王有郢书而后世多燕说。夫不适国事而谋先王,皆归取度者也。

【注释】

①庸:通"傭"。
②瘳(chōu):病愈。
③博:原指古代的一种棋类游戏,后引申为赌博。
④目:应作"以"。
⑤宛曼:通"汗漫",意为渺茫。
⑥厄:通"轭",指牲畜拉车时架在脖子上的器具。
⑦写:仿照。

【译文】

第三,怀着相互仰仗的想法就会相互怨望责备,自己去做就能实行。所以即使是父子之间也会有互相争吵埋怨的时候,争取雇工的给他们喝美味的汤。这在文公事先加以宣扬,和勾践称许如皇台中就有。所以齐桓公埋藏了对蔡国的怨怒却去攻打楚国,吴起希望士兵病痛可以痊愈就去吮吸他的伤口。还有古代帝王们所歌颂功德的赋颂,钟鼎上的铭文,都像播吾山的脚印,华山的棋子一样。然而先王们所追求的是利益,所依仗的是力量。为土地神修建祭坛的谚语,就充分体现了这个道理。赞许学士的观点,因而去实行先王们那些听起来就渺茫的学说,这种做法大概不太适合今天吧?像这样不知道变更,就如同郑国人拿车轭来询问别人,卫国人射鸟前先挥动头巾,卜子的妻子依照旧裤子来缝制新裤子,还有模仿大人的少年。先王们的言论,有些在当时也许只是小事,现在看来却是大事,有些当时是大事,现在再看却是小事,我们无法全部弄明白。这在宋国人解释书意和魏国人读史籍中就有。因此先王的言论就像郢都人写信,而后人却理解为燕国相国的解说。不知去适应国家的实际状况,却去效法先王,这和不知道依据脚而要回家拿尺码来买鞋是一样的道理。

四、利之所在民归之,名之所彰士死之。是以功外于法而赏加焉,则上不能得所利于下;名外于法而誉加焉,则士劝名而不畜①之于君。故中章、胥己仕,而中牟之民弃田圃而随文学者邑之半;平公腓痛足痹而不敢坏坐,晋国之辞仕托者国之锤②。此三士者,言袭法则官府之籍也,行中事则如令之民也,二君之礼太甚;若言离法而行远功,则绳外民也,二君又何礼之?礼之当亡。且居学之士,国无事不用力,有难不被③甲。礼之则惰修耕战之功,不礼则周④主上之法。国安则尊显,危则为屈公之威⑤。人主奚得于居学之士哉?故明王论李疵视中山也。

【注释】

①畜:驯顺,顺服。

②锤:通"垂",本指边际,引申为事物的一个方面。

③被:通"披",这里指穿。

④周:妨害,危害。

⑤威:通"畏"。

【译文】

第四,利益在哪里人民就归向哪里;名声彰显在哪里,士人在哪里为它卖命。因此如果功劳在法度之外却加以赏赐,那么君王就不能从臣下那里获利;如果名声在法度之外却加以赞誉,那么士人就会被名声鼓动而不会顺于君王。因此中章、胥己做了官,中牟的人民放弃耕作而从事文学创作的人就占了县城的一半;晋平公为了礼待叔向,即使小腿疼痛脚麻痹了也不敢使自己的坐姿不雅,晋国放弃向官员请托、效仿叔向的人占全国的很大一部分。这三个人,言论遵循的法度也不过是官府典籍中的内容,行为符合事理也不过是遵守法令的人民,两个君王对他们的待遇太过了;如果言语违背法度,行为远离功业,那就是法度准绳外的人民,两个君王又何须礼遇他们呢?礼待他们会招致灭亡。况且专门从事学术的人,国家太平的时候不致力于耕种,国家有难时也不穿上铠甲参军作战。如果礼待他们,就会让人民懒于从事耕作抗敌的功业;如果不礼待他们,就会妨害君主的法令。国家安定时就尊贵显耀,国家危难时就会像屈公那样畏缩。君主从那些专门研究学问的人那里能得到什么实际的好处呢?因此圣明的君王论肯定了李疵对中山国的看法。

五、《诗》曰:"不躬不亲,庶民不信。"傅①说之以无衣紫,缓之以郑简、宋襄,责之以尊厚耕战。夫不明分,不责诚②,而以躬亲位③下,且为"下走""睡卧",与夫"掩弊微服"。孔丘不知,故称"犹盂"。邹君不知,故先自谬④。明主之道,如叔向赋猎⑤,与昭侯之奚听也。

【注释】

①傅:太傅。

②诚:通"成"。

③位:通"莅",是统治的意思。

④谬:通"戮",羞辱。

⑤猎:应为"禄",指俸禄。

【译文】

第五,《诗经》中说:"君主若不亲力亲为,百姓就不会相信他。"太傅劝说齐王不要穿紫色衣服的道理,可以用郑简公、宋襄公的事例来说明这个道理可以被缓慢接受,也可以用君主重视耕作和战斗会使人民陷于劳苦来斥责这个道理是错误的。不明白君臣的身份地位不同,不苛求臣下完成工作,却用亲自施行的办法来统治下级,而且做"齐景公下车奔跑""魏昭王困倦睡觉"这类的事,以及"隐藏自己的真实身份穿着百姓的衣服私下查访"。孔子不明白这些,所以就说"君主就像盂"。邹国的君主不清楚这个道理,所以就先自己羞辱自己。贤明的君主采用的方法,就好像叔向分配俸禄以及韩昭侯知道"听取哪个意见"的道理是一样的。

六、小信成则大信立,故明主积于信。赏罚不信,则禁令不行。说在文公之攻原与箕郑救饿也。是以吴起须①故人而食,文侯会虞人②而猎。故明主表信,如曾子杀彘也。患在尊③厉王击警鼓与李悝谩两和④也。

右经⑤

【注释】

①须:等待。

②虞人:掌管山泽的官吏。

③尊:此处应为"楚"。

④和:军门,此指营垒里的军队。

⑤右经:古代书写时自右向左竖行书写。右,即上文。

【译文】

第六,较小的诚信一旦形成,大的诚信就相应树立了,因此贤明的君主累积诚信。如果奖赏和惩罚不守诚信的行为,禁令就不能施行。这在晋文公攻打原城,以及箕郑救济灾荒中就有。因此吴起等候老朋友来了才吃饭,魏文侯一定要等到和掌管山泽的官员会合后才去狩猎。因此贤明的君主展现诚信,就如同曾子用遵守承诺杀猪的办法对孩子表示诚信一样。不守信的危害就像楚厉王敲报警的鼓,还有李悝欺骗营中的两支部队所造成的后果。

以上是经文。

说一

宓子贱治单父,有若见之曰:"子何臞①也?"宓子曰:"君不知贱不肖,使治单父,官事急,心忧之,故臞也。"有若曰:"昔者舜鼓五弦之琴,歌《南风》之诗而天下治。今以单父之细也,治之而忧,治天下将奈何乎?故有术而御之,身坐于庙堂之上,有处女子之色,无害于治;无术而御之,身虽瘁②臞,犹未有益。"

【注释】

①臞(qú)：形容非常消瘦。

②瘁(cuì)：形容憔悴。

【译文】

对"经一"的解说

宓子贱治理单父，有若见到他说："你为什么变得这样消瘦？"宓子贱说："君王不知道我其实是个庸才，让我管理单父，公事繁忙，我心里为此非常忧虑，所以消瘦了。"有若说："以前舜弹奏着五弦琴，唱着《南风》，就把天下治理好了。现在单父这么小的地方，你治理它也要忧虑，那如果要你治理天下你要怎么办呢？所以要有方法地治理，坐在殿堂之上，有处女那样娴静的脸色，也不耽误治理所管之地；不讲方法地治理，即使身体憔悴消瘦，也没有多大帮助。"

楚王谓田鸠曰："墨子者，显学也。其身体①则可，其言多而不辩，何也？"曰："昔秦伯嫁其女于晋公子，令晋为之饰装，从衣文之媵②七十人。至晋，晋人爱其妾而贱公女，此可谓善嫁妾而未可谓善嫁女也。楚人有卖其珠于郑者，为木兰之柜，薰以桂椒，缀以珠玉，饰以玫瑰，辑③以翡翠。郑人买其椟而还其珠，此可谓善卖椟矣，未可谓善鬻珠也。今世之谈也，皆道辩说文辞之言，人主览其文而忘有用。墨子之说，传先王之道，论圣人之言以宣告人，若辩其辞，则恐人怀其文忘其直④。以文害用也，此与楚人鬻珠、秦伯嫁女同类。故其言多不辩。"

【注释】

①体：实行，实施。

②媵：古代指随嫁，亦指随嫁的人。这里指陪嫁的姬妾。

③辑：通"缉"，聚集。

④直：通"值"，价值。

【译文】

楚王对田鸠说:"墨子的学说是很显要的。身体力行还行,但是言论多却不怎么动听,这是为什么?"田鸠说:"以前秦伯把自己的女儿嫁给晋公子,让晋国为她准备饰品和着装,跟随陪嫁的彩衣姬妾就有七十人。到了晋国,晋人宠爱那些陪嫁的姬妾却轻视秦伯的女儿。这只能说是他善于嫁妾,但不能说他善于嫁女儿。楚国有一个在郑国卖宝珠的人,他用木兰为宝珠做匣子,用桂花和花椒来给宝珠熏香,并用珠宝和玉石点缀它,用玫瑰色的宝石做装饰,汇聚了翡翠来装饰。有个郑国人买了匣子,却把宝珠还给了卖宝珠的人。可以说这个人善于卖匣子,但却不善于卖宝珠。如今当世的言论,都说善辩而富有文采的话,君王读了这些文章后只看重它的言辞华美,却忽视了它的实用价值。墨子的学说,传达的是先王之道,宣讲圣人的言论并将之告知世人,如果使文章华美,就会担心人们只爱它的文采而忽视它的价值,因为文辞往往会妨害言论的真实作用,这和楚国人卖宝珠、秦伯嫁女儿是同样的道理。因此墨子的言辞大多不动听。"

墨子为木鸢,三年而成,蜚^①一日而败。弟子曰:"先生之巧,至能使木鸢飞。"墨子曰:"吾不如为车輗^②者巧也,用咫^③尺之木,一朝之事,而引三十石之任致远,力多,久于岁数。今我为鸢,三年成,蜚一日而败。"惠子闻之曰:"墨子大巧,巧为輗,拙为鸢。"

【注释】

① 蜚:通"飞"。
② 輗:车辕前端和车衡连接处的销钉。
③ 咫:中国古代长度单位,周代八寸为一咫。

【译文】

墨子做木鸢,造了三年才成功,但飞了一天就坏了。他的弟子说:"先生手这样灵巧,都能让木鸢飞起来。"墨子说:"我没有做车輗的人的手灵巧,他用不到一尺长的木头,做一天,就能载着三十石的重量到达很远的地方,出力大,又能用好多年。现在我做木鸢,用了三年才做好,却只飞了一天就坏了。"惠子听了以后说:"墨子有大的技巧,他认为灵巧的人做车輗,笨拙的人做木鸢。"

宋王与齐仇也,筑武宫。讴①癸倡②,行者止观,筑者不倦,王闻,召而赐之。对曰:"臣师射稽之讴又贤于癸。"王召射稽使之讴,行者不止,筑者知倦,王曰:"行者不止,筑者知倦,其讴不胜如癸美,何也?"对曰:"王试度其功,癸四板,射稽八板;擿③其坚,癸五寸,射稽二寸。"

【注释】

①讴:歌唱,此处指唱歌的人。
②倡:通"唱",指唱歌。
③擿:捶打。

【译文】

宋王和齐国之间有仇怨,修建武学学堂。歌手癸唱歌,路过的人都停下来看,就连修墙的人都不觉得疲劳,宋王听说后,就召见他,并赏赐了他。癸说:"我师傅射稽的歌唱水平比我更高。"宋王就召见射稽,让他唱歌,路过的人不停下来,修墙的人觉得疲劳,宋王说:"路过的人不停下来,修墙的人也觉得疲惫,他唱得不但不如癸,甚至比不上癸,这是为什么?"癸回答说:"大王试着去度量一下筑墙的功效,我唱的时候筑墙的人筑了四块板,射稽唱的时候他们筑了八块板;捶打一下它来检验墙的坚固程度,我唱的时候筑的墙可以捶进五寸去,射稽唱的时候却只能捶进去两寸。"

夫良药苦于口,而智者劝而饮之,知其入而已己疾也。忠言拂①于耳,而明主听之,知其可以致功也。

【注释】

①拂：违逆，不顺从。

【译文】

好药吃进嘴里人会觉得很苦，但是聪明的人仍然会努力喝下去，因为他知道喝下去这药可以医治自己的病。忠言听起来会让耳朵不舒服，可是贤明的君主却仍然能听从它，因为他知道它有助于自己建立功业。

说二

宋人有请为燕王以棘刺之端为母猴者，必三月斋然后能观之，燕王因以三乘①养之。右御冶工言王曰："臣闻人主无十日不燕②之斋。今知王不能久斋以观无用之器也，故以三月为期。凡刻削者，以其所以削必小。今臣冶人也，无以为之削，此不然物也，王必察之。"王因囚而问之，果妄，乃杀之。冶人谓王曰："计无度量，言谈之士多棘刺之说也。"

【注释】

①乘（shèng）：辆。古代赋税，每六里见方的土地上贡献一辆兵车，此处指六里见方的土地上的赋税。

②燕：通"宴"，筵席。

【译文】

对"经二"的解说

宋国有一个请求为燕王在棘刺顶端刻一只母猴的人，要求一定要斋戒三个月后才能观看，燕王就会用三乘的赋税来奉养他。右御属下的冶工对燕王说："我听说君主中从来没有谁连续十天不饮宴的斋戒。现在他明白大王无法斋戒很久来观看没有用的东西，所以就定下了三个月这么长的时间。凡是雕刻的人，用以雕刻的工具一定比所雕刻的东西小。我现在是个冶炼工，所以没有办法造出这么小的工具，这是一定无法造出的物件，望大王明察。"燕王就把那个人囚禁起来并审问他，果然是在说大话，于是就杀了他。冶炼工对燕王说："计谋不能用标准来衡量，善于言谈的人说的话大多是在棘刺尖上雕刻之类的空话。"

一曰:燕王好微巧,卫人曰:"能以棘刺之端为母猴。"燕王说①之,养之以五乘之奉②。王曰:"吾试观客为棘刺之母猴。"客曰:"人主欲观之,必半岁不入宫,不饮酒食肉,雨霁日出,视之晏③阴之间,而棘刺之母猴乃可见也。"燕王因养卫人,不能观其母猴。郑有台④下之冶者谓燕王曰:"臣为削⑤者也,诸微物必以削削之,而所削必大于削。今棘刺之端不容削锋,难以治棘刺之端。王试观客之削,能与不能可知也。"王曰:"善。"谓卫人曰:"客为棘削之?"曰:"以削。"王曰:"吾欲观见之。"客曰:"臣请之舍取之。"因逃。

【注释】

①说:通"悦",喜欢,高兴。

②奉:通"俸",俸禄。

③晏:天晴无云,指晴天。

④台:朝廷直属的官署。

⑤削:刻刀。

【译文】

另一种说法是:燕王爱好精巧的东西,一个卫国人说:"我能在棘刺的尖端雕刻一只母猴。"燕王听了很高兴,便用五乘的俸禄来奉养他。燕王说:"我想试着看一下你在棘刺尖端刻母猴。"客人说:"主上想要看见它,必须半年不在宫里生活,不喝酒吃肉,雨停了太阳出来的时候,在阴晴变化之间来观看,才能看见棘刺顶端的母猴。"燕王便供养着这个卫国人,却无法见他刻的母猴。郑国有一个在官衙里冶炼的工人对燕王说:"我是个做刻刀的人,想来那些微小的东西必然需要用刻刀来雕,而所要雕刻的东西必然需大于刻刀。现在棘刺的尖端无法容纳刀刃,刀刃就不能处理棘刺的顶端。大王试着看一下客人的刻刀,就能知道他能不能雕刻得出来了。"燕王说:"好。"于是问这个卫国人:"客人你雕刻棘刺用的是刻刀吗?"卫国人回答道:"是的。"燕王说:"让我看看你的刻刀。"卫国人说:"请让我去馆驿把它拿来。"于是便逃走了。

儿说,宋人,善辩者也,持"白马非马也"服齐稷下之辩者。乘白马而过关,则顾①白马之赋。故籍②之虚辞则能胜一国,考实按形不能谩于一人。

【注释】

①顾:通"雇",缴纳。

②籍:通"藉",凭借。

【译文】

儿说是个宋国人,非常善于辩论,他用"白色的马不是马"说服了齐国稷下善辩的人。他有一次骑着白马过关卡,终究要交纳白马的税。所以借助虚妄的言辞能战胜一个国家,但若考察实际、对照具体的形状,却欺骗不了哪怕是一个人。

夫新砥砺杀①矢,彀②弩而射,虽冥③而妄发,其端未尝不中秋毫也。然而莫能复其处,不可谓善射,无常仪的也。设五寸之的,引十步之远,非羿、逢蒙不能必全者,有常仪的也。有度难而无度易也。有常仪的,则羿、逢蒙以五寸为巧;无常仪的,则以妄发而中秋毫为拙。故无度而应之则辩士繁说,设度而持之虽知④者犹畏失也不敢妄言。今人主听说,不应之以度而说⑤其辩;不度以功,誉其行而不入关⑥。此人主所以长欺,而说者所以长养也。

【注释】

①杀:尖锐。

②彀(gòu):此指拉满弓。

③冥:通"瞑",意为闭上眼。

④知:通"智"。

⑤说：通"悦"，喜欢。
⑥关：衡，引申为准则。

【译文】

新在磨刀石上磨得很尖的箭，拉满弓射出，即使闭着眼睛随意发射，它的尖端没有不射中细小东西的。然而若不能再一次射中之前的地方，就不能说善于射箭，这是因为没有固定的靶子作为目标。设立五寸的箭靶，在距离十步远的地方射箭，如果不是羿和逢蒙这样的神射手就无法全中，这是因为有固定的靶子。做事有标准就难，相反，没有标准就容易。有固定的箭靶，那么羿和逢蒙射中了五寸的箭靶就是很厉害；若没有固定的靶子，那么即使是任意射中了秋毫也算笨拙。因此若是没有标准去应对，那么善于论辩的人就会长篇大论；若设立了标准来以它为依据，即使是聪明的人也因为害怕出现失误而不敢任意乱说。现在君王听取意见，不拿标准来衡量它，而是喜欢善辩的言辞；不去度量它的实际功效，赞誉他的行为却不用准则衡量。这正是君王长久地被欺骗，而游说的人长期被供养的原因。

客有教燕王为不死之道者，王使人学之，所使学者未及学而客死。王大怒，诛之。王不知客之欺己，而诛学者之晚也。夫信不然之物，而诛无罪之臣，不察之患也。且人所急无如其身，不能自使其无死，安能使王长生哉？

【译文】

有人要教燕王长生不死的方法，燕王派人去学习，派出的人还没有来得及去学习，这个人就死了。燕王很生气，于是便杀掉了去学习的人。燕王不清楚是这个人在骗自己，却怪罪学习的人学得太迟。相信永远无法实现的事物，却怪罪未曾犯罪的臣子，这是不能明察带来的灾患。况且人最重视的无非是自己的身体，无法让自己长生不老，又怎么能让燕王长生不死呢？

外储说左上

郑人有相与争年者,一人曰:"吾与尧同年。"其一人曰:"我与黄帝之兄同年。"讼此而不决,以后息者为胜耳。

【译文】

郑国有两个人在相互争论谁年长,其中一个人说:"我和尧一样大。"另一个说:"我和黄帝的哥哥一样大。"就此相互争论没有决断,只好以最后一个停止争论的人为胜利者。

客有为周君画荚者,三年而成,君观之,与髹①荚者同状。周君大怒,画荚者曰:"筑十版之墙,凿八尺之牖②,而以日始出时加之其上而观。"周君为之,望见其状尽成龙蛇禽兽车马,万物之状备具,周君大悦。此荚之功非不微难也,然其用与素髹筴③同。

【注释】

①髹(xiū):以漆漆物。

②牖(yǒu):窗户。

③筴:应为"荚"。

【译文】

有个人为周君画荚,画了三年才成功,国君欣赏时,发现和漆过的荚一样。周君很生气,画荚的人说:"修建一面十个板块的墙,在上面开一个八尺大的窗户,然后在太阳刚出来时把它放在窗户上看。"周君照着他说的做了,看见它的形状分别变成了龙、蛇、飞禽、走兽、车马,各种东西都有了,周君很高兴。这个荚的效果不是不精微难得,然而它的功用和未画花纹的漆荚是一样的。

客有为齐王画者,齐王问曰:"画孰最难者?"曰:"犬马最难。""孰最易者?"曰:"鬼魅最易。夫犬马,人所知也,旦暮罄①于前,不可类之,故难。鬼魅,无形者,不罄于前,故易之也。"

【注释】

①罄:出现,显现。

【译文】

有个人为齐王画画,齐王问他:"什么东西是最难画的?"回答说:"狗和马最难画。""什么是最容易画的?"回答说:"鬼魅是最容易画的。狗和马是人们所熟悉的,总是出现在人们眼前,不容易模仿,所以最难画。鬼魅,却是没有形状的,无法出现在人前,所以好画。"

齐有居士田仲者,宋人屈谷见之曰:"谷闻先生之义①,不恃仰人而食。今谷有树瓠之道,坚如石,厚而无窍,献之。"仲曰:"夫瓠所贵者,谓②其可以盛也。今厚而无窍,则不可剖以盛物,而任重如坚石,则不可以剖而以斟,吾无以瓠为也。"曰:"然,谷将弃之。"今田仲不恃仰人而食,亦无益人之国,亦坚瓠之类也。

【注释】

①义:通"议",言论。
②谓:通"为"。

【译文】

齐国有个隐士名叫田仲,宋国人屈谷见到他说:"我听说先生你的主张,不依靠别人吃饭。现在我有种葫芦的方法,种出来的葫芦坚硬得像石头,皮厚却没有空洞,我愿意把它献给您。"田仲说:"葫芦的可贵之处,在于它可以盛放东西。现在你的葫芦厚而没有空洞,就不能剖开来盛东西,而它却坚硬得像石头,也不能剖开来斟酒,我要这样的葫芦干什么呢?"屈谷说:"是啊,我就把它扔了。"现在田仲子不仰仗别人来吃饭,对君主的国家也没有任何好处,也坚硬得如同葫芦一样啊。

虞庆为屋,谓匠人曰:"屋太尊。"匠人对曰:"此新屋也,涂濡而椽生。"虞庆曰:"不然。夫濡涂重而生椽挠,以挠椽任重涂,此宜卑。更日久则涂干而椽燥,涂干则轻,椽燥则直,以直椽任轻涂,此益尊。"匠人诎,为之而屋坏。

【译文】

虞庆建造房子,对工匠说:"房子建得太高了。"工匠说:"这是新房子,涂的泥是湿的,椽子还没干透。"虞庆说:"不对。湿的泥重而没干透的椽子是弯的,用弯的椽子承担重的泥,所以应该建得低一些。时间久了,泥土干了椽子也干了,泥土干了就会变轻,椽子干了就会变直,用直的椽子承担轻的泥,就会更高。"工匠屈服了,就照着他的话去做,可是房子却坏了。

一曰:虞庆将为屋,匠人曰:"材生而涂濡。夫材生则挠,涂濡则重,以挠任重,今虽成,久必坏。"虞庆曰:"材干则直,涂干则轻,今诚得干,日以轻直,虽久必不坏。"匠人诎,作之,成。有间,屋果坏。

【译文】

另一种说法是:虞庆将要建新房子,工匠说:"木材没干透,而泥是湿的。木材没有干透就会变弯,泥土湿就会变重,用弯曲的木材承受重的泥土,即使现在建成,时间久了必然会损坏。"虞庆说:"木材干了就会变直,泥上干了就会变轻,现在要是真的能变干,每天变轻变直,即使时间久也一定坏不了。"工匠屈服了,就照着他说的去做,房子造成了。过了不久,房子果然坏了。

范且曰:"弓之折,必于其尽也,不于其始也。夫工人张弓也,伏檠①三旬而蹈弦,一日犯机②,是节之其始而暴之其尽也,焉得无折?且张弓不然。伏檠一日而蹈弦,三旬而犯机,是暴之其始而节之其尽也。"工人穷也,为之,弓折。

【注释】

①檠(qíng):校正弓弩的模具。

②机:扳机,机栝。

【译文】

范雎说:"弓弩的断掉,一定是在制作完成的时候,而不是在开始制作的时候。工匠收紧弓弩的时候,要把弓弩放在模具里三十天,然后安装弓弦,一天后扣动扳机来射箭,这正是在开始的时候有节制而结束的时候对之粗暴,又怎么能要求弓弩不被折断呢?我绷紧弓弩就不是这样。把弓弩放在模具里一天就安装弓弦,三十天以后扣动扳机射箭,这是在开始的时候对之粗暴而结束的时候有节制。"工匠无可对答,就照他的话去做,弓就断了。

范且、虞庆之言皆文辩辞胜而反事之情,人主说①而不禁,此所以败也。夫不谋治强之功,而艳乎辩说文丽之声,是却有术之士而任坏屋折弓也。故人主之于国事也,皆不达乎工匠之构屋张弓也,然而士穷乎范且、虞庆者,为虚辞,其无用而胜;实事,其无易而穷也。人主多无用之辩,而少无易之言,此所以乱也。今世之为范且、虞庆者不辍,而人主说之不止,是贵败折之类而以知术之人为工匠也。不得施其技巧,故屋坏弓折。知治之人不得行其方术,故国乱而主危。

【注释】

①说:通"悦",喜欢。

【译文】

范雎、虞庆的说法都是言辞善辩但都和事物的道理相反,君主喜欢这些言论因而不加以禁止,这正是他们最终失败的原因。不去寻求能使国家实现安定强大的实际策略,却整天沉醉于辩论中的那些华丽的辞藻,这是不采用懂得方法的人的方法而任由房屋毁坏、弓弩折断。所以君王对于国家大事,都不能达到工匠建房子、张弓弩的地步。然而士人却被范雎、虞庆这种人弄得无话可说,这是因为他们说的是一些空虚的言辞,即使它们没有任何用处也能取胜;要做实事,即使符合事实不能改变,也要被弄得无话可说。君主大多赞成没有用的言论,却不喜欢确定不移的说法,这就是导致混乱的根本原因。如今世上像范雎、虞庆这样的人层出不穷,而君主不住地喜欢他们,这就如同喜欢房子倒塌、弓弩折断这样的事,却把懂得治国之法的人当成了工匠。工匠无法施展他们的技巧,所以房屋会毁坏、弓弩会折断。懂得方略的人无法实行他的策略,所以国家出现混乱,君主陷于危险的境地。

夫婴儿相与戏也,以尘为饭,以涂为羹,以木为胾^①,然至日晚必归饷者,尘饭涂羹可以戏而不可食也。夫称上古之传颂,辩而不悫^②,道先王仁义而不能正国者,此亦可以戏而不可以为治也。夫慕仁义而弱乱者,三晋也;不慕而治强者,秦也;然而未帝者,治未毕也。

【注释】

①胾(zì):切成大块的肉。
②悫(què):谨慎,诚实。

【译文】

小孩子一起做游戏时,把土当饭,把泥当羹汤,把木头当肉,然而到了晚上一定要回家吃饭,这是因为用土做的饭和用泥做的羹可以用来做游戏却无法吃。称赞上古的传颂之词,虽然言辞激辩,听起来却不诚恳,奉行先王们的仁义学说,却不能用它来治理国家,这也是可以用来做游戏却不能用来治理国家啊。美慕仁义的学说,却造成国家弱小混乱,就像被分为三部分的晋国一样;不仰慕仁义的学说却可以使国家安定强大的,就比如秦国;然而还没有成就帝王功业的,是因为治理国家的方法还不够完善。

说三

人为婴儿也,父母养之简,子长而怨;子盛壮成人,其供养薄,父母怒而诮之。子、父,至亲也,而或谯①或怨者,皆挟相为而不周于为己也。夫卖②庸而播耕者,主人费家而美食,调布而求易钱者,非爱庸客也,曰:如是,耕者且深,耨者熟耘也。庸客致力而疾耘耕者,尽巧而正畦陌畤者,非爱主人也,曰:如是,羹且美,钱布且易云也。此其养功力,有父子之泽矣,而心调于用者,皆挟自为心也。故人行事施予,以利之为心,则越人易和;以害之为心,则父子离且怨。

【注释】

①谯:通"诮",责备,怨愤。
②卖:此处通"买"。

【译文】

对"经三"的解说

人还是孩子的时候,父母养育他的条件简朴,孩子长大了就知道抱怨了;儿子长大成人了,供养父母不够好,父母会生气而责备他。父子之间本是最亲近的,可还是会怨恨责备,都是抱着要互相依赖却又认为对方对自己照顾不周到的想法。雇用耕地播种的人,主人花费钱财置办美食,调换布匹去换钱币,不是因为他们喜欢雇工,是因为他们认为:这样一来,种子耕得就深,除草就会更细。雇工尽力快速耕耘,使尽技巧来整理田地,不是因为喜爱主人,是因为他们认为:这样一来,饭菜就会更好,佣金也会更容易得到。主人这样供养雇工,似乎是对他们有了父子的恩泽,而工人的全部心思都会用于工作,这些都是因为他们怀着为了自己的心。因此人做事情或对别人施与好处,如果都是以利益为最终目的,那么大家都可以像越国人那样即使相距遥远的人也可以和睦相处;如果以害人为最终目的,即使是父子也会离心离德而互相抱怨。

文公伐宋,乃先宣言曰:"吾闻宋君无道,蔑侮长老,分财不中,教令不信,余来为民诛之。"

【译文】

文公讨伐宋国,就先宣扬道:"我听闻宋国国君是个无道的昏君,他蔑视并侮辱年长的人,不合理地分配财物,发布的政令不讲信用,让我来为民众惩罚他。"

越伐吴,乃先宣言曰:"我闻吴王筑如皇之台,掘深池,罢①苦百姓,煎靡财货,以尽民力,余来为民诛之。"

【注释】

①罢:通"疲",使疲惫。

【译文】

越国讨伐吴国,就先宣扬道:"我听闻吴国君主修筑如皇台,挖掘很深的护城河,使人民疲惫劳苦,浪费钱财,用尽了民力,让我来为人民处罚他。"

蔡女为桓公妻,桓公与之乘舟,夫人荡舟,桓公大惧,禁之不止,怒而出之。乃且复召之,因复更嫁之。桓公大怒,将伐蔡。仲父谏曰:"夫以寝席之戏,不足以伐人之国,功业不可冀也,请无以此为稽也。"桓公不听,仲父曰:"必不得已,楚之菁茅①不贡于天子三年矣,君不如举兵为天子伐楚。楚服,因还袭蔡曰:'余为天子伐楚,而蔡不以兵听从。'因遂灭之。此义于名而利于实,故必有为天子诛之之名,而有报仇之实。"

【注释】

①菁茅:香草名,是一种茅草。古代祭祀时用以过滤酒。

【译文】

蔡侯的女儿嫁了齐桓公为妻,桓公与她共同坐船,她摇动船身,这让桓公很害怕,让她停止摇船她却不停,桓公愤怒之下就把她休掉了。后来想再次把她召回来,蔡国却又把她嫁给了别人。齐桓公因此大怒,要借此讨伐蔡国。管仲劝谏齐桓公说:"因为夫妻间开的玩笑,不至于讨伐别的国家,要想建立功业不能指望依靠这个理由,请不要以此为借口。"齐桓公不听,管仲说:"您一定不就此罢休的话,楚国已经三年没有进贡菁茅给天子了,不如您举兵为楚天子讨伐楚国。降服楚国后,回来时顺便攻打蔡国,只要说:'我为楚天子讨伐楚国,蔡国却不知道派兵随从。'因而灭了它们。这样的话,在名声上符合道义,实际上也有利益,所以一定要借助为天子讨伐的名义,来实现报仇的实际目的。"

吴起为魏将而攻中山,军人有病疽者,吴起跪而自吮其脓,伤者之母立泣,人问曰:"将军于若子如是,尚何为而泣?"对曰:"吴起吮其父之创而父死,今是子又将死也,今吾是以泣。"

【译文】

吴起作为魏国的将领进攻中山国,军中有人得了毒疮,吴起跪下来亲自为他吮吸脓水。伤者的母亲马上就哭了起来,有人问她:"将军这样对你儿子,为什么还要哭呢?"伤者的母亲回答说:"吴起将军曾吮吸孩子他父亲的伤口,他父亲为吴起卖命而战死,现在这个孩子又要去死了,如今我因此而哭泣。"

赵主父令工施钩梯而缘播吾,刻疏①人迹其上,广三尺,长五尺,而勒之曰:"主父常游于此。"

【注释】

①疏:刻。

【译文】

赵主父命工人用带钩子的梯子攀上播吾山,刻人的脚印在上面,有三尺宽,五尺长,并在旁边刻上这样的字迹:"主父曾来这里游玩。"

秦昭王令工施钩梯而上华山,以松柏之心为博,箭①长八尺,棋长八寸,而勒之曰:"昭王尝与天神博于此矣。"

【注释】

①箭:此处应为箸,指骰子,是一种游戏用具或赌具。

【译文】

秦昭王命工人用带着钩的梯子爬上华山,用松树和柏树的心做成棋,做成的骰子长八尺,棋子长八寸,并在上面刻上这样的字迹:"秦昭王曾和天上的神仙在这里对弈。"

文公反国,至河,令笾豆①捐之,席蓐捐之,手足胼胝②、面目黧黑者后之,咎犯③闻之而夜哭。公曰:"寡人出亡二十年,乃今得反国,咎犯闻之不喜而哭,意不欲寡人反国邪?"犯对曰:"笾豆所以食也,席蓐所以卧也,而君捐之;手足胼胝、面目黧黑,劳有功者也,而君后之。今臣有与在后,中不胜其哀,故哭。且臣为君行诈伪以反国者众矣,臣尚自恶也,而况于君?"再拜而辞,文公止之曰:"谚曰:'筑社者,攓掘④而置之,端冕⑤而祀之。'今子与我取之,而不与我治之;与我置之,而不与我祀之;焉可?"解左骖而盟于河。

【注释】

①笾(biān)豆:古代宴会和祭祀时盛果品等的器具。

②胼(pián)胝(zhī):手脚上因长期摩擦而生长出的茧。

③咎犯:咎,通"舅",指晋文公的舅舅狐偃,字子犯,因此称"舅犯"。

④攓(qiān)掘:撩起衣服,是一种无礼的举动。攓,通"褰"。

⑤端冕:端,礼服。冕,礼帽。

【译文】

晋文公返还本国,来到黄河,命令把盛食物的竹器都丢掉,席子和草垫也全丢掉,手和脚长满茧、脸色黝黑的人走在后面。他的舅舅子犯听说了这个就在晚上痛哭。晋文公说:"我在国外逃亡长达二十年,如今才得以返回祖国,舅舅听说了,不高兴就算了反而还痛哭,是不想我返回祖国吗?"子犯回答道:"盛食物的器具是人们用来吃饭的,席子和草垫是人们拿来睡觉的,您却把它们扔了;手脚长满老茧、脸色黝黑的人,从来都是辛苦而且有功劳的人,你却让他们走在后面。如今连我也在走在后面的人之中,心中忍不住感到悲哀,所以才痛哭不止。而且我为了让您回国已经用了很多次欺诈和诡计了,连我自己也厌恶我自己,更何况您呢!"说完再次下拜请求告辞,晋文公阻止他说:"谚语中说:'建造祭坛的人,建造时不讲规矩,祭祀时却恭敬地穿着礼服。'如今您为我赢得了国家,却不与我一同治理;这就像和我一起建立了祭坛,却不与我一同祭祀;这怎么能行呢?"于是便把左边驾车的马沉于河中,和子犯一起在河伯面前发誓。

郑县人卜子,使其妻为裤,其妻问曰:"今裤何如?"夫曰:"象吾故裤。"妻子因毁新,令如故裤。

【译文】

郑国人卜子让他的妻子给他做裤子,他的妻子问他:"如今的裤子要做成什么样子的?"丈夫回答说:"就像我的旧裤子那样。"他的妻子就撕坏新裤,让它像旧裤子一样。

郑县人有得车轭者,而不知其名,问人曰:"此何种也?"对曰:"此车轭也。"俄又复得一,问人曰:"此是何种也?"对曰:"此车轭也。"问者大怒曰:"曩者曰车轭,今又曰车轭,是何众也?此女①欺我也。"遂与之斗。

【注释】

①女:通"汝",人称代词"你"。

【译文】

郑国有个人得到了一副车轭,但不知道它的名字,问别人说:"这是什么东西?"回答说:"这是车轭。"不久又得到了一个,问别人说:"这是什么东西?"回答说:"这是车轭。"他很恼怒地说:"从前说是车轭,现在又说是车轭,如何会有这么多的车轭呢?你必定是在骗我!"就和那人争斗了起来。

卫人有佐弋者,鸟至,因先以其翂①麾②之,鸟惊而不射也。

【注释】

①翂(yuān):古代指覆盖东西的巾帕,这里指头巾。

②麾:通"挥"。

【译文】

卫国有个做了掌管射鸟官职的人,鸟飞来后,他就先挥动自己的头巾,鸟受到惊吓而飞走,他就不射了。

郑县人卜子妻之市,买鳖以归,过颍水,以为渴也,因纵而饮之,遂亡其鳖。

【译文】

郑国人卜子的妻子去市场,买了一只鳖回来,经过颍河,因为以为鳖口渴了,就把它放开让它喝水,于是就失去了她的鳖。

夫少者侍长者饮,长者饮,亦自饮也。

【译文】

有个年轻人伺候年长的人喝酒,年长的人喝酒,他自己也跟着喝。

一曰:鲁人有自喜者,见长年饮酒不能釂①则唾之,亦效唾之。

【注释】

①釂(jiào):喝酒时一饮而尽。

【译文】

另一种说法是:鲁国有个自以为是的人,看见年长的人喝酒时因为不能一饮而尽而把酒吐出来,就也学着长者的样子把酒吐出来。

一曰:宋人有少者亦欲效善,见长者饮无余,非斟①酒饮也而欲尽之。

【注释】

①斟:通"堪"。

【译文】

还有一种说法是:宋国有个年轻的人想要学好,看见年长的人喝酒没有剩余,自己不能喝酒,却也想一饮而尽。

《书》曰:"绅之束之。"宋人有治者,因重带自绅束也。人曰:"是何也?"对曰:"《书》言之,固然。"

【译文】

《尚书》中说:"要自己制约自己的言行。"宋国有个人研究这部书,便用一重又一重的布带把自己束缚起来,有人问他:"你这是在干什么?"这个人回答道:"《尚书》上就是这样说的,我当然也要这样做。"

《书》曰:"既雕既琢,还归其朴。"梁人有治者,动作言学,举事于文,曰"难之",顾失其实。人曰:"是何也?"对曰:"《书》言之,固然。"

【译文】

《尚书》中说:"雕刻和琢磨,还需还原到它的本来面目。"魏国有个研究这本书的人,做事和说话都要模仿这两句话,做事讲求文饰,还说:"太难了。"这使他反而失去了自己的朴实。有人问他:"你这是在干什么?"他回答道:"《尚书》上就是这样说的,所以我也应该这样做。"

郢人有遗燕相国书者,夜书,火不明,因谓持烛者曰"举烛"。云而过书"举烛"。举烛,非书意也。燕相受书而说①之,曰:"举烛者,尚明也;尚明也者,举贤而任之。"燕相白王,王大说,国以治。治则治矣,非书意也。今世举学者多似此类。

【注释】

①说:通"悦",表喜欢。

【译文】

郢都有个给燕国相国写信的人,他在晚上写信,因为烛火不明亮,就对掌管蜡烛的人说"把蜡烛举高"。说的时候误把"把蜡烛举高"写在了信中。"把蜡烛举高",并不是信里的意思,燕国相国收到信后却非常高兴,说:"把蜡烛举高,是向往光明的意思;崇尚光明,是要推举贤能之人并任用他们。"燕国相国把这个告诉了燕王,燕王非常高兴,国家因而得到了很好的治理。虽然国家是治理了,却不是信的本意。如今所推举的学者中很多和这种情况相似。

郑人有且置履者,先自度其足而置之其坐,至之市而忘操之,已得履,乃曰:"吾忘持度。"反归取之,及反,市罢,遂不得履。人曰:"何不试之以足?"曰:"宁信度,无自信也。"

【译文】

郑国有人要去买鞋子,他先量了自己的脚,却把尺码放在了座位上,到了市场后忘了尺码,已经拿上了鞋子,却说:"我忘了带尺码。"于是返回去取尺码,等到他再返回市场的时候,已经收市了,结果他没买到鞋。有人问他:"你为什么不用脚来试呢?"他说:"我宁愿相信尺码,也不相信自己的脚。"

说四

王登①为中牟令,上言于襄主曰:"中牟有士曰中章、胥己者,其身甚修,其学甚博,君何不举之?"主曰:"子见之,我将为中大夫。"相室谏曰:"中大夫,晋重列也,今无功而受②,非晋臣之意。君其耳而未之目邪?"襄主曰:"我取登,既耳而目之矣,登之所取,又耳而目之,是耳目人绝无已也。"王登一日而见二中大夫,予之田宅。中牟之人弃其田耘、卖宅圃,而随文学者,邑之半。

【注释】

①王登:应为"壬登",为赵襄子的门客。
②受:通"授",是授予官职的意思。

【译文】

对"经四"的解说

壬登做了中牟县的县令,给赵襄子进言说:"中牟地方有士人叫中章、胥己的,品德很好,学问也渊博,您怎么不提拔他们呢?"赵襄子说:"你叫他们来见我,我自会任用他们做中大夫。"他的管家劝谏说:"中大夫是晋国很重要的官职,如今没有功劳就授予他们这样高的官位,这不是晋国选用大臣的规矩。您只听说过他们,还没有见过吧?"赵襄子说:"我任用壬登,既听说过也见过他;壬登所推举的人,我又要听说过还要见过,那我听取和观察的人岂不是永远没有完结吗?"壬登一天就让这两个人见到了赵襄子,这两个人就当上了中大夫,赵襄子赏赐给他们田地和住宅。中年的人于是抛弃了耕作、变卖了田宅,去从事文学学习的人,占了这个地区的一半。

叔向御坐,平公请事,公腓痛足痹转筋而不敢坏坐。晋国闻之,皆曰:"叔向贤者,平公礼之,转筋而不敢坏坐。"晋国之辞仕托、慕叔向者,国之锤矣。

【译文】

叔向陪侍着晋平公,平公在向他请教。平公小腿疼痛,脚也麻痹抽筋了,却不敢不端正地坐着。晋国人听说后,全都说:"叔向是个十分贤能的人,就连平公都如此礼遇他,脚都抽筋了都不敢不端正地坐着。"于是晋国人中放弃请托权贵,效仿叔向的人,占了全国的一半。

郑县人有屈公者,闻敌恐,因死;恐已,因生。

【译文】

郑国有个叫屈公的人,听闻敌人来了就会感到害怕,就会昏死过去;害怕的感觉一停止,就会又活过来。

赵主父使李疵视中山可攻不①也? 还报曰:"中山可伐也,君不亟伐,将后齐、燕。"主父曰:"何故可攻?"李疵对曰:"其君见好岩穴之士,所倾盖、与②车以见穷闾隘巷之士以十数,伉③礼下布衣之士以百数矣。"君曰:"以子言论,是贤君也,安可攻?"疵曰:"不然。夫好显岩穴之士而朝之,则战士怠于行阵;上尊学者,下士居朝,则农夫惰于田。战士怠于行陈者则兵弱也,农夫惰于田者则国贫也。兵弱于敌,国贫于内,而不亡者,未之有也。伐之不亦可乎?"主父曰:"善。"举兵而伐中山,遂灭也。

【注释】

①不:通"否"。

②与:此处应为"弃"。

③伉:通"抗",对抗,匹敌。

【译文】

赵主父派遣李疵去视察是否可以攻打中山国。李疵回来报告他说:"可以讨伐中山国,您不赶快攻打的话,就会落在齐国和燕国的后面。"赵主父说:"为什么说可以攻打?"李疵回答道:"中山国的国君接见喜欢隐居的人,还亲自坐车去拜访,抛弃了车子步行去见住在偏僻陋巷的士人有数十次;用与之平等的礼节来接见布衣之士有数百次。"主父说:"依据你的说法,中山国的君主是个贤能的国君,怎么能攻打呢?"李疵说:"并不是这样的。若是尊重隐居的士人,让他们朝见国君,那么士兵在军队中就会懈怠;礼遇学者,让下等的士人在朝廷上做官,农夫就会在田里懒惰。战士在军队里懈怠,兵力就会弱;农夫在田里懒惰,国家就会贫穷。军队比敌人弱,国内又贫困,却不灭亡的,这样的国家还未曾有过。不是应该讨伐他们吗?"赵主父说:"说得好!"于是出兵讨伐中山国,并灭掉了他们。

说五

齐桓公好服紫,一国尽服紫。当是时也,五素不得一紫。桓公患之,谓管仲曰:"寡人好服紫,紫贵甚,一国百姓好服紫不已,寡人奈何?"管仲曰:"君欲,何不试勿衣紫也,谓左右曰:'吾甚恶紫之臭。'于是左右适有衣紫而进者,公必曰:'少却,吾恶紫臭。'"公曰:"诺。"于是日,郎中莫衣紫,其明日国中莫衣紫,三日境内莫衣紫也。

【译文】

对"经五"的解说

齐桓公爱穿紫色的衣服,整个国家就都穿紫色衣服。那个时候,五匹素色的布也换不来一匹紫色的布。齐桓公对此很忧虑，就对管仲说："我爱穿紫色的衣服，紫色的布匹就非常贵，全国的百姓都非常喜欢穿紫色的衣服，我该怎么办呢？"管仲说："您想要这样，为什么不试着不穿紫色的衣服呢？对左右的侍从说：'我非常讨厌紫色衣服的味道。'如果左右侍从中正好有穿紫衣并靠近您的人，您一定要说：'你稍微后退一点，我不喜欢紫色衣服的味道。'"齐桓公说："好的。"于是，当天郎中就没有人再穿紫色衣服了，第二天都城里就没有穿紫色衣服的了，第三天全国境内都没有人穿紫色衣服了。

一曰：齐王好衣紫，齐人皆好也。齐国五素不得一紫，齐王患紫贵。傅说王曰："《诗》云：'不躬不亲，庶民不信。'今王欲民无衣紫者，王以自解紫衣而朝，群臣有紫衣进者，曰'益远，寡人恶臭。'"是日也，郎中莫衣紫；是月也，国中莫衣紫；是岁也，境内莫衣紫。

【译文】

另一种说法是：齐王爱穿紫色衣服，齐国人也就都喜欢。在齐国五匹素色的布也换不来一匹紫色的布，齐王担心紫色的布太贵。太傅劝说齐王道："《诗经》中说：'不躬不亲，庶民不信。'现在大王想让百姓不穿紫色衣服，您就自己先脱去紫色衣服上朝，大臣中有穿紫色衣服进见的，您就说：'再远一点，我不喜欢紫色衣服的味道。'"当天，郎中里就没有人再穿紫衣服了；当月，都城里就没有人再穿紫色衣服了；不出一年，全国境内都没有人穿紫色衣服了。

郑简公谓子产曰："国小，迫于荆、晋之间。今城郭不完，兵甲不备，不可以待不虞。"子产曰："臣闭其外也已远矣，而守其内也已固矣，虽国小犹不危之也。君其勿忧。"是以没简公身无患。

【译文】

郑简公对子产说:"因为国家小,又在楚国、晋国两个大国之间受逼迫。如今内城和外城都不完善,兵器和盔甲也不完备,不能应对忽然的变故。"子产说:"我严守边境已经很长时间了,内部防守也很牢固了,即使国家小也不会有什么危难。您不要担心。"所以终郑简公一生,郑国也没有什么祸患。

子产相郑,简公谓子产曰:"饮酒不乐也。俎豆不大,钟鼓竽瑟不鸣,寡人之事不一,国家不定,百姓不治,耕战不辑睦,亦子之罪。子有职,寡人亦有职,各守其职。"子产退而为政五年,国无盗贼,道不拾遗,桃枣荫于街者莫有援也,锥刀遗道三日可反。三年不变,民无饥也。

【译文】

子产做了郑国的相国,郑简公对子产说:"喝酒没有什么乐趣。俎豆之类祭祀的东西规模还不够大,钟鼓竽瑟之类的乐器响声也不够大,我的政事还没有处理好,国家还不够安定,还没有治理好百姓,耕作和作战的关系不调和,这也是你的罪过。你有你的职责,我有我的责任,咱们各自管理好自己的事吧。"子产退下后管理了五年政事,国家没有了盗贼,路上丢失的东西也没有人去拾,桃树枣树都遮蔽了街道也没有人去采摘,锥、刀这样的小东西遗失在路上三天还可以找回来。这种状况连续三年没有改变,人民没有挨饿的。

宋襄公与楚人战于涿谷上,宋人既成列矣,楚人未及济,右司马购强趋而谏曰:"楚人众而宋人寡,请使楚人半涉未成列而击之,必败。"襄公曰:"寡人闻君子曰:'不重伤,不擒二毛[①],不推人于险,不迫人于阸[②],不鼓不成列。'今楚未济而击之,害义。请使楚人毕涉成阵,而后鼓士进之。"右司马曰:"君不爱宋民,腹心不完,特为义耳。"公曰:"不反列,且行法。"右司马反列,楚人已成列撰阵矣,公乃鼓之。宋人大败,公伤股,三日而死,此乃慕自亲仁义之祸。

【注释】

①二毛:头发两种颜色相杂的老年人。

②阸:危险的处境。

【译文】

宋襄公同楚国人在涿谷打仗,宋国的军队队列已经排成了,楚国人还没渡河,右司马购强跑过来进谏道:"楚国人多宋国人少,请在楚国人渡河到一半还没有排好队伍的时候就攻击他们,他们必定会失败。"宋襄公说:"我听君子说:'不重伤本就受伤的人,不擒头发花白的老人,不随意把人推入险境,不把人逼到绝境,不进攻还没有排好队伍的军队。'现在楚军还没有完全渡过河我们就进攻他们,这是违背道义的。让楚军完全渡过河并排好队列,再击鼓命令士兵进攻。"右司马说:"您不爱惜宋国的民众,不保全国家的根本,只不过要表现自己的仁义罢了。"宋襄公说:"你再不返回队伍,就会用军法处置你。"右司马返回队伍,楚国人已经布好阵了,宋襄公才击鼓进攻。宋国大败,襄公大腿受伤,三天后就死去了。这就是钦美并亲自实行仁义的危害。

夫必恃人主之自躬亲而后民听从,是则将令人主耕以为上①、服战雁行也民乃肯耕战,则人主不泰②危乎?而人臣不泰安乎?

【注释】

①上:应为"食",指吃饭。

②泰:通"太",表程度。

【译文】

一定要等国君亲自去做,然后人民才听从,这样的话会导致国君亲自耕作获食、亲自参加战争,然后人民才肯去耕作和参战,那么国君不是太危险了吗?而臣子不是太安全了吗?

齐景公游少海,传骑①从中来谒曰:"婴疾甚,且死,恐公后之。"景公遽起,传骑又至。景公曰:"趋②驾烦且③之乘,使驺④子韩枢御之。"行数百步,以驺为不疾;夺辔代之,御可数百步,以马为不进,尽释车而走。以烦且之良,而驺子韩枢之巧,而以为不如下走也。

【注释】

①传骑:传递公文情报的信使。

②趋:通"促",飞速。

③烦且:此指好马。

④驺:赶车、养马的人。

【译文】

齐景公去渤海游玩,信使从都城跑来拜见他道:"晏婴病得非常厉害,快要死了,您恐怕赶不上了。"景公连忙起身,又来了信使。景公说:"快驾上烦且拉的车,让车夫韩枢来驾它。"走了几百步,觉得车夫赶得不快;便夺过缰绳亲自代替他,驾车只走了几百步,又感觉马跑得不够快,就放弃了车子自己下来跑。有烦且这样的良驹,韩枢这样灵巧的车夫,齐景公却认为他们都不如自己而下来自己跑。

魏昭王欲与官事,谓孟尝君曰:"寡人欲与官事。"君曰:"王欲与官事,则何不试习读法?"昭王读法十余简而睡卧矣。王曰:"寡人不能读此法。"夫不躬亲其势柄,而欲为人臣所宜为者也,睡不亦宜乎?

【译文】

魏昭王想参与政事管理,就对孟尝君说:"我想参与政事的管理。"孟尝君说:"大王想参政,那为什么不试着学习诵读法令呢?"昭王读了十多条简书就躺下睡了。昭王说:"我无法读这样的法令。"那些不亲自掌权,却想去做大臣应做的事的君主,睡觉不正合适吗?

孔子曰："为人君者犹盂也，民犹水也。盂方水方，盂圜水圜。"

【译文】

孔子说："做君王的人好像盂，人民就像水。盂方水就方，盂圆水就圆。"

邹君好服长缨，左右皆服长缨，缨甚贵。邹君患之，问左右，左右曰："君好服，百姓亦多服，是以贵。"君因先自断其缨而出，国中皆不服长缨。君不能下令为百姓服度以禁之，乃断缨出以示民，是先戮以莅民也。

【译文】

邹国国君喜欢戴长的帽带，左右侍从都用长帽带，长帽带因此就很贵。邹国国君为此感到很担忧，他问左右侍从，左右说："陛下喜欢佩戴，百姓也有很多人佩戴，所以就贵了。"国君于是先剪断自己的帽带再出去，国都里的人就都不再用长帽带了。国君不能通过为百姓的服饰设立标准来禁止他们佩戴长缨，只得剪掉自己的帽带昭示给人民，这就是通过先纠正自己来统治人民啊。

叔向赋猎，功多者受多，功少者受少。

【译文】

叔向分配猎物，功劳多的人得到的猎物就多，功劳少的人得到的就少。

韩昭侯谓申子曰："法度甚不易行也。"申子曰："法者，见功而与赏，因能而受①官。今君设法度而听左右之请，此所以难行也。"昭侯曰："吾自今以来知行法矣，寡人奚听矣。"一日，申子请仕其从兄官,昭侯曰:"非所学于子也。听子之谒败子之道乎?亡其用子之谒②?"申子辟③舍请罪。

【注释】

①受:通"授",授予。

②亡其用子之谒:应为"亡其用子之术而废子之谒乎"。

③辟:通"避"。

【译文】

韩昭侯对申子说:"法度非常不易施行啊!"申子说:"所谓法度,获得功劳才予以赏赐,依据才能来授予官职。现在您设立法度却顺从左右近臣的请托,这就造成了法度的难以施行。"昭侯说:"我如今知道了如何施行法度,我全都听取你的意见。"有一天,申子请求韩昭侯让他的堂兄为官,韩昭侯说:"这不是我从你那里学到的道理吗。现在要我听从你的请求来违背你的治国方略吗?还是要我采用你的治国方略而拒绝你的请求呢?"申子诚惶诚恐地请罪。

说六

晋文公攻原,裹十日粮,遂与大夫期十日。至原十日而原不下,击金而退,罢兵而去。士有从原中出者曰:"原三日即下矣。"群臣左右谏曰:"夫原之食竭力尽矣,君姑待之。"公曰:"吾与士期十日,不去,是亡吾信也。得原失信,吾不为也。"遂罢兵而去。原人闻曰:"有君如彼其信也,可无归乎?"乃降公。卫人闻曰:"有君如彼其信也,可无从乎?"乃降公。孔子闻而记之曰:"攻原得卫者,信也。"

【译文】

对"经六"的解说

晋文公进攻原城,带了十日的口粮,便和大夫们约定以十日为期。

到了以后,十日也没有攻下原城,就鸣金撤退,罢兵而走。有个从原城出来的人说:"再有三日就可以攻下原城了。"大臣们和左右侍从劝谏晋文公说:"原城的食物快完了,力量也快用尽了。您暂且再等等吧。"文公说:"我与士大夫们约定好以十日为期,不撤兵就是失去了信用。得到原城却丧失了应有的信用,我是不会这样做的。"于是便收兵离去。原城的人听说后说:"有这样坚守诚信的国君,我们怎能不归降他呢?"于是便归降了晋文公。卫国人听说后说:"有这样坚守诚信的国君,我们怎能不追随他呢?"于是也归降了文公。孔子听说了这件事后,记录道:"文公攻打原城,也得到了卫国,是因为他守了诚信。"

文公问箕郑曰:"救饿奈何?"对曰:"信。"公曰:"安信?"曰:"信名。信名,则群臣守职,善恶不逾,百事不怠。信事,则不失天时,百姓不逾。信义,则近亲劝勉而远者归之矣。"

【译文】

晋文公问箕郑道:"应该怎么样救济饥荒?"箕郑回答道:"诚信。"文公说:"怎么做到诚信呢?"箕郑又回答道:"在名分上讲求诚信。在名分上讲求诚信,那么群臣就会坚守其职分,不会混淆善恶,做各种事情都不会懈怠。在行为上讲求诚信,就不会违背天时,百姓也就不会逾越自己的本分。在道义方面讲求诚信,那么亲近的人就会相互勉励,远方的人也会归附了。"

吴起出,遇故人而止之食,故人曰:"诺,今返而御①。"吴子曰:"待公而食。"故人至暮不来,起不食待之。明日早,令人求故人,故人来,方与之食。

【注释】

①御:进食。

【译文】

吴起外出时,遇到老朋友就留他吃饭,老朋友说:"好的,等一会儿回来再吃饭。"吴起说:"我等着和你一起吃。"老朋友到天黑也没有来,吴起就一直等着不吃饭。第二天早上,让人去请这个朋友来,朋友来后,吴起才和他一起吃饭。

魏文侯与虞人期猎。明日,会天疾风,左右止,文侯不听,曰:"不可。以风疾之故而失信,吾不为也。"遂自驱车往,犯风而罢虞人。

【译文】

魏文侯与掌管山泽的官员约好去打猎。第二天,碰巧刮大风,左右侍从都劝他别去了,魏文侯不听,他说:"不可以。因为风大的缘故就失去信用,我不会这样做的。"于是便亲自驾车前去,冒着风告诉该官员不去打猎了。

曾子之妻之市,其子随之而泣。其母曰:"女①还,顾反为女杀彘。"妻适市来,曾子欲捕彘杀之,妻止之曰:"特与婴儿戏耳。"曾子曰:"婴儿非与戏也。婴儿非有知也,待父母而学者也,听父母之教。今子欺之,是教子欺也。母欺子,子而不信其母,非所以成教也。"遂烹彘也。

【注释】

①女:通"汝",人称代词"你"。

【译文】

曾子的妻子要去集市,她的儿子跟着她哭闹着也要去。母亲说:"你先回去,等我回来杀猪给你吃。"妻子到集市回来,曾子正要捉猪并把它杀死,妻子制止他说:"只不过是和小孩子开个玩笑而已。"曾子说:"是不能够和小孩子开玩笑的。小孩子什么都不知道,只是等着向父母学习,听从父母的教育。你如今欺骗孩子,是在教孩子学习怎样欺骗。母亲欺骗孩子,孩子因此就会不相信母亲,这不是用来教孩子的方法啊!"于是就把猪杀了做给孩子吃。

楚厉王有警,为鼓以与百姓为戍。饮酒醉,过而击之也,民大惊。使人止之,曰:"吾醉而与左右戏,过击之也。"民皆罢。居数月,有警,击鼓而民不赴,乃更令明号而民信之。

【译文】

楚厉王一有紧急事件,就敲鼓来和百姓一起防守。有一次他喝醉了,走过去顺便敲了鼓,人民因此感到惊慌。楚王于是派人去制止道:"我喝醉了酒和左右侍从开个玩笑,误击了鼓。"民众都散去了。过了几个月,真有了紧急事件,再次击鼓民众却都不来救援,于是他更改申明号令,民众才又相信了他。

李悝警其两和①,曰:"谨警敌人,且暮且至击汝。"如是者再三而敌不至,两和懈怠,不信李悝。居数月,秦人来袭之,至,几夺其军。此不信患也。

【注释】

① 两和:军门。和,左右军营。

【译文】

李悝警告左右营垒说:"要小心戒备敌人,他们早晚间都会来攻打你们。"这样好多次敌人也都没有来,左右营垒因此放松懈怠,不相信李悝。过了几个月,秦国人来袭,到了之后,几乎消灭了李悝的守备军队。这就是不坚守诚信所带来的祸患。

一曰:李悝与秦人战,谓左和曰:"速上,右和已上矣。"又驰而至右和曰:"左和已上矣。"左右和曰:"上矣。"于是皆争上。其明年,与秦人战,秦人袭之,至,几夺其军。此不信之患。

【译文】
还有一种说法是:李悝和秦国人战斗,他对左军说:"迅速冲上去,右军已经冲上去了。"又跑到右军里说:"左军已经冲上去了。"左右军都说:"冲上去。"于是都争着向前冲。第二年,他又和秦国人作战,秦军奔袭,他的军队几乎被消灭了。这就是不坚守诚信所带来的祸患。

有相与讼者,子产离之而毋得使通辞,到①其言以告而知也。

【注释】
①到:通"倒",倒过来。

【译文】
有相互诉讼的人,子产把他们分开不让他们互通言辞,把他们的言辞倒过来告诉对方,由此知道了事情的真相。

惠①嗣公使人伪②关市,关市呵难之,因事关市以金,关市乃舍之。嗣公谓关市曰:"某时有客过而予汝金,因谴之。"关市大恐,以嗣公为明察。

【注释】
①惠:应为"卫"。
②伪:此处应理解为"为客过"。

【译文】
卫嗣公让人装成客人经过关市,关市呵斥刁难,便贿赂金子给关市,关市就把他放过去。卫嗣公对关市说:"某某时间有个客人经过,偷偷给你金子,你就把他放过去了。"关市很害怕,他认为卫嗣公明察秋毫。

外储说右上

君所以治臣者有三：

一、势不足以化则除之。师旷之对，晏子之说，皆合①势之易也而道②行之难，是与兽逐走也，未知除患。患之可除，在子夏之说《春秋》也。善持势者蚤③绝其奸萌，故季孙让仲尼以遇④势，而况错⑤之于君乎？是以太公望杀狂矞，而臧获不乘骥。嗣公知之，故不驾鹿。薛公知之，故与二栾⑥博。此皆知同异之反也。故明主之牧臣也，说在畜乌。

【注释】

①合：应为"舍"，舍弃。

②道：经过，通过。

③蚤：通"早"。

④遇：通"耦"，能匹敌。

⑤错：通"措"，安置，施加。

⑥栾：通"孪"，孪生子。

【译文】

君主拿来统治大臣的方法有三个：

第一，权势不能够改变他，便除掉他。师旷和晏子的对答、言论，均舍弃了权势这种简单的办法，却通过较难实行的办法来解决，这是跟野兽赛跑，不懂得如何除掉祸患。祸患可以被除掉，在子夏解说《春秋》。善于运用权势的人早早地熄灭奸谋的苗头，因此季孙由于孔子使用了跟自己相同的权力便责备他，更何况这种手段运用到君主身上呢？因此太公望杀掉了狂矞，奴仆也不会骑不听命令的骏马。卫嗣公懂得这个道理,因此说"不用不听话的鹿驾车"。薛公也懂得这个道理,因此和两个孪生子打赌。这都是懂得了君臣利益的不同。因此圣明的君主统治臣下,就在蓄养乌鸦的道理中。

二、人主者,利害之轺毂①也,射②者众,故人主共矣。是以好恶见③则下有因,而人主惑矣;辞言通则臣难言,而主不神矣。说在申子之言六慎,与唐易之言弋也。患在国羊之请变,与宣王之太息也。明之以靖郭氏之献十珥也,与犀首、甘茂之道穴闻也。堂溪公知术,故问玉卮。昭侯能术,故以④听独寝。明主之道,在申子之劝独断也。

【注释】

①轺(yáo)毂(gǔ):轺,指轻便的马车。毂,指车轮中心的原木。

②射:指车轮的辐条。

③见:通"现",出现。

④以:通"已"。

【译文】

第二,君主是大臣利害关系的轴心,辅助君主的人很多,所以君主是众人共同的目标。所以君主的喜好或厌恶假如表现出来,臣下便会有所凭借,君主便会被迷惑;君主如果将大臣的言辞吐露出去,大臣就难以进言,君主便不神明了。其道理在申子臣说"六个要谨慎的方面",以及唐易论述射鸟。它的灾患在于国羊请求改变自己的不足,以及韩宣王的叹息。能够用靖郭君献上十个耳饰,以及犀首、甘茂透过墙洞偷听等事情去证明。堂溪公懂得这种方法,因此问玉杯能否盛水。韩昭侯懂得这种方法,因此听到堂溪公的话后便独自睡觉。贤明的君主的统治方法,在于申子劝告君主要"独自做出决断"。

三、术之不行,有故。不杀其狗则酒酸,夫国亦有狗,且左右皆社鼠也。人主无尧之再诛,与庄王之应太子,而皆有薄媪之决蔡妪也。知贵不能①以教歌之法先揆之,吴起之出爱妻,文公之斩颠颉,皆违其情者也。故能使人弹疽者,必其忍痛者也。

右经②

【注释】

①知贵不能:应是"知贵能",知,通"智",智慧。

②右经:古代书写从右向左竖行书写,右侧为上文。经,文字。

【译文】

第三,统治的办法不能实行,是有原因的。不杀狗酒就会变酸,同理国家也有国家的狗,君主身边的侍从都是神庙里的老鼠。君主既不能像尧那样两次诛杀不同意自己的人,也不能像楚庄王回答太子那样坚决支持大臣,而都如薄老太太那样将自己的事交给蔡婆婆决定。智慧的可贵在于能用教唱歌的方法先测度,吴起赶走心爱的妻子,晋文公斩杀颠颉,都是违背情感的事情。因此能让人给自己治疗毒疮的人,必定是能忍受疼痛的人。

上面的是经文。

说一

赏之誉之不劝,罚之毁之不畏,四者加焉不变,则其除之。

【译文】

对"经一"的解释

奖励和赞美不能鼓励他,责罚和谗毁不能令他感到畏惧,这四个手段施加在他身上,却不能改变他,那么就除掉他。

齐景公之晋,从平公饮,师旷侍坐。始坐,景公问政于师旷曰:"太师将奚以教寡人?"师旷曰:"君必惠民而已。"中坐,酒酣,将出,又复问政于师旷曰:"太师奚以教寡人?"曰:"君必惠民而已矣。"景公出之舍,师旷送之,又问政于师旷,师旷曰:"君必惠民而已矣。"景公归,思,未醒,而得师旷之所谓。——公子尾、公子夏者,景公之二弟也,甚得齐民,家富贵而民说①之,拟于公室,此危吾位者也。今谓我惠民者,使我与二弟争民邪?——于是反②国发廪粟以赋众贫,散府余财以赐孤寡,仓无陈粟,府无余财,宫妇不御③者出嫁之,七十受④禄米。鬻德惠施于民也,已⑤与二弟争。居二年,二弟出走,公子夏逃楚,公子尾走晋。

【注释】

①说:通"悦",高兴。

②反:通"返"。

③御:特指君主使用。

④受:通"授"。

⑤已:通"以",用来。

【译文】

齐景公去到晋国,跟晋平公一起喝酒,师旷陪坐一旁。才坐下,齐景公向师旷请教治国方法,说:"太师拿什么来教导我呢?"师旷说:"您只要给人民恩惠便可以了。"酒宴中间,众人喝得很畅快,快要出门的时候,齐景公又向师旷请教治国方法,说:"太师拿什么教导我呢?"师旷说:"您只要给人民恩惠便可以了。"齐景公离开后回到了驿馆,师旷送他,他又向师旷请教治国方法,师旷说:"您只要给人民恩惠便可以了。"齐景公归国后仔细思索,酒还没醒就知道了师旷的意思——公子尾和公子夏是他的两个弟弟,他们很得齐国的民心,他们的家庭富裕尊贵,民众也喜爱他们,能够和王室相比,这是能危及我地位的人。如今告诉我要给人民恩惠,是让我同两个弟弟争夺民心吗?——因此齐景公归国后,打开粮仓,搬出粮食发给贫困的人,派发国库多余的财物,赏赐孤儿和寡母,仓库内没有陈年的粮食,国库内没有多余的财产,宫女不需要服侍君主的就将她们嫁出去,七十岁的人便发给他们禄米。齐景公广施恩惠于人民,以此跟两个弟弟争夺民心。如此过了两年,两个弟弟便逃到国外去了,公子夏逃去了楚国,公子尾逃去了晋国。

景公与晏子游于少海,登柏寝之台而还望其国①,曰:"美哉!泱泱乎!堂堂乎!后世将孰有此?"晏子对曰:"其田成氏乎?"景公曰:"寡人有此国也,而曰田成氏有之,何也?"晏子对曰:"夫田成氏甚得齐民。其于民也,上之请爵禄行诸大臣,下之私大斗斛区釜②以出贷,小斗斛区釜以收之。杀一牛,取一豆③肉,余以食士。终岁,布帛取二制④焉,余以衣士。故市木之价不加贵于山,泽之鱼盐龟鳖螺蚌不加贵于海。君重敛,而田成氏厚施。齐尝大饥,道旁饿死者不可胜数也,父子相牵而趋田成氏者不闻不生。故周秦⑤之民相与歌之曰:'讴乎,其已乎!苞⑥乎,其往归田成子乎!'诗曰:'虽无德与女,式歌且舞。'今田成氏之德,而民之歌舞,民德归之矣。故曰:'其田成氏乎。'"公泫然出涕曰:"不亦悲乎!寡人有国而田成氏有之。今为之奈何?"晏子对曰:"君何患焉!若君欲夺之,则近贤而远不肖,治其烦乱,缓其刑罚,振⑦贫穷而恤孤寡,行恩惠而给不足,民将归君,则虽有十田成氏,其如君何?"

【注释】

①国:都城,国都。

②斗斛(hú)区(ōu)釜:古代容量工具,十升为一斗,十斗为一斛,一斗六升为一区,四区为一釜。

③豆:指盛食物的用具。

④制:古代长度单位,一丈八尺为一制。

⑤周秦:应是"秦周",齐国城门的名字。

⑥苞:通"饱",吃饱。

⑦振:通"赈",救济。

【译文】

齐景公跟晏子在渤海游玩,登临柏寝台回头眺望都城,说:"美丽啊!

浩瀚无边啊！雄伟壮观啊！后世谁可以拥有它呢？"晏子说："可能是田成氏吧！"齐景公说："现在我拥有这个国家，可你却说田成氏拥有它，这是什么原因呢？"晏子回答道："田成氏非常得民心。他对待人民，向上请求爵禄来赏赐大臣，向下私自使用大的量具贷出粮食，但使用小的量具收回粮食。杀死一头牛，只拿一盘肉，剩下的都分给了士人。年终，只取三丈六尺布，剩下的都分给士人做衣服。因此市场上木材的价格没有更比山上贵，湖里的鱼、盐、龟、鳖、螺、蚌的价格没有更比海边贵。您重视敛财，但田成氏丰厚地施舍。齐国曾发生大饥荒，路边饿死的人不计其数，父子一起投奔田成氏的，没有听说没有活命的。因此秦周城门的百姓相互歌唱：'歌唱吧，就居住在这里吧！吃饱饭啊，便要去投奔田成氏啊！'《诗经》写道：'虽然没有恩德施给你们，姑且载歌载舞。'如今田成氏有恩德，人民更要载歌载舞，人民的感激都给了田成氏了。因此说：'大概是田成氏吧！'"齐景公难过流泪，说："这难道不让人悲伤吗？我拥有国家可是让田成氏得到了它。如今我该怎么办呢？"晏子回答道："您何必担忧呢？假如您想夺回民心，便要亲近贤臣，疏远小人，管理国家的混乱，放宽刑罚，赈济穷人，抚恤孤寡，广施恩惠，资助缺衣少食的人，人民便会归附您，那么就算有十个田成氏，又能将您怎么样呢？"

或曰：景公不知用势，而师旷、晏子不知除患。夫猎者，托车舆之安，用六马之足，使王良佐辔，则身不劳而易及轻兽矣。今释车舆之利，捐六马之足与王良之御，而下走逐兽，则虽楼季之足无时及兽矣。托良马固车，则臧获有余。国者，君之车也；势者，君之马也。夫不处势以禁诛擅爱之臣，而必德厚以与天下齐行以争民，是皆不乘君之车，不因马之利车而下走者也。故曰：景公不知用势之主也，而师旷、晏子不知除患之臣也。

【译文】

有的人说：齐景公不会使用权势，而师旷和晏子不会除去祸患。打猎的人，依靠车子的安稳，驱使六匹马的脚力，使王良这样的驾车能手去驾驶，那么身子不劳累便能轻易地赶上动作轻快的野兽了。如今放弃了车子的便利，丢掉了六匹马的脚力和王良的驾驶技术，而下车奔跑着追赶野兽，那么就算是楼季这样擅长奔跑的人也不会有追上野兽的时候。凭借良马和坚固的车，就算是奴隶，追赶野兽也是绰绰有余。国家就是君主的车，权势就是君主的马。假如不使用权势来禁止或惩罚擅自施行仁爱的大臣，却一定要用深厚的恩德来同群臣保持一致，以此争夺民心，这都跟不乘坐君主的车，不借用马的便利却下车奔跑的人一样。因此说：齐景公是不会使用权势的君主，而师旷和晏子是不会除去祸患的臣子。

子夏曰："《春秋》之记臣杀君，子杀父者，以十数矣。皆非一日之积也，有渐而以至矣。"凡奸者，行久而成积，积成而力多，力多而能杀，故明主蚤绝之。今田常之为乱，有渐见矣，而君不诛。晏子不使其君禁侵陵之臣，而使其主行惠，故简公受其祸。故子夏曰："善持势者，蚤①绝奸之萌。"

【注释】

①蚤：通"早"。

【译文】

子夏说："《春秋》里记载大臣杀君主，儿子杀父亲的事情，有几十件。这都不是一天攒成的，而是有一个逐渐发展的过程才会这样的。"但凡奸邪的事，做得久了就有了积累，积累多了力量就大，力量大就会伤害君主，因此圣明的君主及早禁绝它。如今田常作乱，是逐渐表现的，但是君主没有惩罚他。晏子不让君主禁止侵犯的大臣，却让君主施行恩惠，因此齐景公遭受灾祸。因此子夏说："善于操控权势的人，会及早断绝奸邪的萌芽。"

季孙相鲁，子路为郈令。鲁以五月起众为长沟，当此之为，子路以其私秩粟为浆饭，要作沟者于五父之衢而飡之。孔子闻之，使子贡往覆其饭,击毁其器,曰:"鲁君有民,子奚为乃飧之?"子路怫然怒,攘肱而入,请曰:"夫子疾由之为仁义乎?所学于夫子者仁义也;仁义者,与天下共其所有而同其利者也。今以由之秩粟而飧民,不可何也?"孔子曰:"由之野也!吾以女①知之,女徒②未及也。女故③如是之不知礼也!女之飧之,为爱之也。夫礼,天子爱天下,诸侯爱境内,大夫爱官职,士爱其家,过其所爱曰侵。今鲁君有民而子擅爱之,是子侵也,不亦诬④乎?"言未卒,而季孙使者至,让曰:"肥也起民而使之,先生使弟子令徒役而飧之,将夺肥之民耶?"孔子驾而去鲁。以孔子之贤,而季孙非鲁君也,以人臣之资,假人主之术,蚤⑤禁于未形,而子路不得行其私惠,而害不得生,况人主乎?以景公之势而禁田常之侵也,则必无劫弑之患矣。

【注释】

①女:通"汝",你。

②徒:却。

③故:通"固",本来。

④诬:妄为。

⑤蚤:通"早"。

【译文】

季孙在鲁国担任相国,子路担任邱县的县令。鲁国在五月发动百姓挖掘长河,这项工程进行的时候,子路把自己的粮食做成稀饭,让挖河的人到五父大道上吃饭。孔子得知了,让子贡去打翻他的饭,摔坏盛饭的器具,说:"鲁国君主拥有百姓,你为什么要给他们饭食?"子路勃然大怒,卷起袖子进了孔子家,问道:"老师恨我施行仁义吗?我从老师那里学到的就是仁义;仁义便是跟天下人共享自己的东西,分享利益。如今用我的粮食来给百姓吃,为什么不行呢?"孔子说:"仲由你这样粗野啊!我以为你知道道理,但是你什么也不懂。你原来就是这么不明白礼啊!你让他们吃东西就是对他们实行仁术。礼,便是天子仁爱世民,诸侯仁爱境内的百姓,大夫仁爱自己的属下,士仁爱自己的家,超过应该施与仁爱的就是侵犯。如今鲁国君主拥有世民,你却擅自去对他们施行仁爱,你这便是侵犯,这不是大胆妄为吗?"孔子的话还没有说完,季孙的使者就来了,责备说:"我发动民众使役他们,先生却让弟子招待他们并给他们吃饭,这是想要争夺我的人民吗?"于是孔子驾车离开了鲁国。以孔子的贤能,但是季孙并非鲁君,凭借大臣的地位,应用君主的权术,尽早地在祸患未形成时就禁止了它,所以子路不能实行私人的恩惠,而危害也不会产生了,更何况是君主呢?以齐景公的权势阻止田常的侵犯,就肯定没有劫杀君主的隐患了。

太公望东封于齐。齐东海上有居士曰狂矞、华士,昆弟二人者立议曰:"吾不臣天子,不友诸侯,耕作而食之,掘井而饮之,吾无求于人也。无上之名,无君之禄,不事仕而事力。"太公望至于营丘,使吏执杀之以为首诛。周公旦从鲁闻之,发急传而问之曰:"夫二子,贤者也。今日飨①国而杀贤者,何也?"太公望曰:"是昆弟二人立议曰:'吾不臣天子,不友诸侯,耕作而食之,掘井而饮之,吾无求于人也,无上之名,无君之禄,不事仕而事力。'彼不臣天子者,是望不得而臣也。不友诸侯者,是望不得而使也。耕作而食之,掘井而饮之,无求于人者,是望不得以赏罚劝禁也。且无上名,虽知②,不为望用;不仰君禄,虽贤,不为望功。不仕则不治,不任则不忠。且先王之所以使其臣民者,非爵禄则刑罚也。今四者不足以使之,则望当谁为君乎?不服兵革而显,不亲耕耨而名,又非所以教于国也。今有马于此,如骥之状者,天下之至良也。然而驱之不前,却之不止,左之不左,右之不右,则臧获虽贱,不托其足。臧获之所愿托其足于骥者,以骥之可以追利辟③害也。今不为人用,臧获虽贱,不托其足焉。已自谓以为世之贤士,而不为主用,行极贤而不用于君,此非明主之所臣也,亦骥之不可左右矣,是以诛之。"

【注释】

①飨:通"享",享受。

②知:通"智"。

③辟:通"避",躲避。

【译文】

太公望分封到了东方的齐国。齐国东海上有两个隐士名叫狂矞、华士,兄弟两个人发表议论称:"我不当天子的大臣,不跟诸侯做朋友,自己耕作获得食物,自己挖井饮水,我没有要乞求别人的。不用君主赐给名誉,也不用君主的俸禄,不致力于当官,而致力于劳动。"太公望到了营丘,派官吏抓住并杀死了他们,当作首批惩处的对象。周公旦在鲁国听闻这件事,派遣紧急的信使询问说:"这两个人是贤能的。如今您拥有国家却杀死了贤人,这是为什么呢?"太公望说:"这兄弟二人曾议论说:'我不当天子的大臣,不跟诸侯做朋友,自己耕作获得食物,自己挖井饮水,没有要乞求别人的。不用高尚的名誉,也不用君主的俸禄,不致力于当官,而致力于劳动。'他们不做天子的大臣,我就不能令他们做我的大臣;不跟诸侯做朋友,我就不可以驱使他们;自己耕作获得食物,自己挖井饮水,不乞求别人,我就不可以用奖赏和处罚来激励或禁止他们。不用君主赐给名誉,就算有智慧,也不能被我使用;不用君主的俸禄,就算贤能,也不能为我建立功业。不当官,就不能被管理;不愿被任用,就是不忠心。何况先王用来驱使人民的,或是爵位、俸禄,或是杀戮、处罚。这四种手段都不可以驱使他们,那我还给谁当君主呢?人民不服兵役就能显贵,不从事耕作就获得名声,这并非教育国民的方法。如今有一匹马,是骏马的模样,是天下难得的好马。可是驱赶它却不前进,勒住它又不停止,让它往左却不往左,让它往右也不往右,那么就算是臧获那样的奴隶,也不会借助它。臧获愿意把脚力借助良马,是由于良马可以追逐利益、远避祸害。如今它不能被人利用,臧获就算低贱,也不愿借助于它的脚力。他们自认为是当世的贤士,却不让君主任用,行为贤能却不让君主使用,这并非圣明君主所任用的人,也就跟不能驱使的骏马一样,所以杀了他们。"

一曰:太公望东封于齐,海上有贤者狂矞。太公望闻之往请焉,三却马于门而狂矞不报见也,太公望诛之。当是时也,周公旦在鲁,驰往止之,比至,已诛之矣。周公旦曰:"狂矞,天下贤者也,夫子何为诛之?"太公望曰:"狂矞也议不臣天子,不友诸侯,吾恐其乱法易教也,故以为首诛。今有马于此,形容似骥也,然驱之不往,引之不前,虽臧获不托足以旋其轸①也。"

【注释】

①轸:车。

【译文】

还有一种说法:太公望被分封到东方的齐国,海上有一个贤士叫狂矞。太公望听说后就去邀请他,三次在门口停住马邀请他,狂矞都没有出来相见,于是太公望就杀了他。那时周公旦在鲁国,骑马去阻止,等到了的时候,狂矞早被杀了。周公旦说道:"狂矞是天下有名的贤士,先生为何要杀死他呢?"太公望回答:"狂矞发表言论称,不臣服于天子,不跟诸侯交友,我害怕他扰乱法度改变教化,因此首先就要杀死他。如今有这样一匹马,长得样子像是良马,但是驱赶它却不走,拉它也不往前进,就算是臧获也不把脚力借助在它身上、用它去拉车啊!"

如耳说卫嗣公,卫嗣公说①而太息。左右曰:"公何为不相也?"公曰:"夫马似鹿者而题之千金,然而有百金之马而无一金之鹿者,马为人用而鹿不为人用也。今如耳,万乘之相也,外有大国之意,其心不在卫,虽辩智,亦不为寡人用,吾是以不相也。"

【注释】

①说:通"悦",高兴。

【译文】

如耳游说卫嗣公,卫嗣公很高兴可是又叹息。左右侍从问:"您为什么不让他做相国呢?"卫嗣公说:"长得像鹿的马可以标价千金,但是有价值百金的马,却没有值一两白银的鹿,是由于马可以被人使用而鹿不能让人使用。如今如耳可以当拥有万辆兵车大国的相国,他对外有效力于大国的意思,他的心思不在卫国,就算能言善辩有智慧,也不能让我使用,所以我不让他做相国。"

薛公之相魏昭侯也,左右有栾①子者曰阳胡、潘其,于王甚重,而不为薛公,薛公患之。于是乃召与之博。予之人百金,令之昆弟博,俄又益之人二百金。方博有间,谒者②言客张季之子在门,公怫然怒,抚兵而授谒者曰:"杀之,吾闻季之不为文也。"立有间,时季羽在侧,曰:"不然。窃闻季为公甚,顾其人阴未闻耳。"乃辍不杀客,而大礼之,曰:"曩者闻季之不为文也,故欲杀之。今诚为文也,岂忘季哉?"告廪献千石之粟,告府献五百金,告驺私厩献良马固车二乘,因令奄③将宫人之美妾二十人并遗④季也。栾子因相谓曰:"为公者必利,不为公者必害,吾曹何爱不为公?"因私竞劝而遂为之。薛公以人臣之势,假人主之术也,而害不得生,况错⑤之人主乎?夫驯乌者断其下翎焉,断其下翎则必恃人而食,焉得不驯乎?夫明主畜臣亦然,令臣不得不利君之禄,不得无服上之名;夫利君之禄,服上之名,焉得不服?

【注释】

①栾:通"孪",双胞胎。
②谒者:指负责接待、通报的官员。
③奄:通"阉"。
④遗(wèi):馈赠,赠送。
⑤错:通"措",放置。

【译文】

薛公田文任魏昭侯的相国,昭侯的侍从中有一对孪生兄弟叫阳胡、潘其,在昭侯那里得到重视,但不替薛公效力,薛公对此非常忧虑。所以叫他们来赌博。送给他们每人一百金,让他们兄弟二人赌博,后来又每人多给了二百金。正在赌博的时候,谒者报告称张季的儿子在大门口,薛公勃然大怒,握着兵器对谒者说:"去杀了他!我听说张季不替我田文效力。"站立了一会儿,张季的朋友在旁边辩解:"并非是这样的。我私下听闻张季很替您效力,只是因为他是暗中出力却没有让您知道罢了。"因此薛公就停止命令,不再去杀,并对客人大加礼遇,说:"以前听闻张季不替我田文效力,因此想杀你,如今真的为我效力,我怎么会忘记他呢?"让仓库拿出一千石粮食,让金库拿出五百金,让马夫从私人的马厩里牵出好马和两辆坚固的车,又让宦官挑选宫女中漂亮的姬妾二十个人,全部送给了张季。这对孪生兄弟互相商量说:"替薛公效力肯定会有利益,不替薛公效力肯定有危害,我们为什么不替薛公效力呢?"所以私下互相劝勉,就替薛公效力了。薛公用大臣的权势,运用了君主的权术,可以让祸害不发生,何况是让君主来运用这种方法呢?驯养乌鸦的人剪断乌鸦翅膀下面的翎毛,剪断乌鸦翅膀下面的翎毛,乌鸦就一定要靠人喂食,怎么会不驯服呢?圣明的君主蓄养群臣也是这个道理,让大臣不得不贪图君主赐给的俸禄,不能不效忠君主赐给的名位。贪图君主赏赐的俸禄,效忠于君主赐给的名位,怎么会不驯服?

说二

申子曰:"上明见[①],人备之;其不明见,人惑之。其知[②]见,人饰之;不知见,人匿之。其无欲见,人司[③]之;其有欲见,人饵之。故曰:吾无从知之,惟无为可以规[④]之。"

【注释】

①见:通"现",出现。

②知:通"智"。

③司:通"伺",刺探。

④规:通"窥"。

【译文】

对"经二"的解释

申子说:"君主的明察表现出来,旁人便会防备他;他的糊涂表现出来,旁人便会迷惑他。他的智慧表现出来,旁人便会奉承他;他的愚昧表现出来,人们便会蒙蔽他。他没有欲望表现出来,旁人便会刺探他;他的欲望表现出来,旁人便会引诱他。因此说:我没什么办法去了解大臣,只有无所作为才能够窥视他们。"

一曰:申子曰:"慎而①言也,人且知女②;慎而行也,人且随女。而有知见也,人且匿女;而无知见也,人且意女。女有知也,人且臧③女;女无知也,人且行女。故曰:惟无为可以规之。"

【注释】

①而:通"尔"。

②女:通"汝",你。

③臧:通"藏"。

【译文】

还有一种说法:申子说:"谨慎言论,旁人就会想了解你;谨慎行为,旁人就会想跟踪你。你的智慧表现出来,旁人将要蒙蔽你;你的无知表现出来,旁人将算计你。你有智慧,旁人会躲避你;你没有智慧,旁人会对你行动。因此说:只有无为可以用来窥测大臣。"

田子方问唐易鞠曰:"弋者何慎?"对曰:"鸟以数百目视子,子以二目御之,子谨周子廪。"田子方曰:"善。子加之弋,我加之国。"郑长者闻之曰:"田子方知欲为廪,而未得所以为廪。夫虚无无见者,廪也。"

【译文】

田子方询问唐易鞠说:"射鸟的人应当注意什么?"唐易鞠回答说:

"鸟用几百只眼睛盯着你,你用两只眼睛防御它们,你应该小心看护你的谷仓。"田子方说:"说得很好。你将这道理用在射鸟上,我将它用在治理国家上。"郑长者听到后说:"田子方明白要保护谷仓,却不明白保护谷仓的方法。只有虚无无所作为,才能保护谷仓。"

一曰:齐宣王问弋于唐易子曰:"弋者奚贵?"唐易子曰:"在于谨廪。"王曰:"何谓谨廪?"对曰:"鸟以数十目视人,人以二目视鸟,奈何不谨廪也?故曰在于'谨廪'也。"王曰:"然则为天下何以为此廪?今人主以二目视一国,一国以万目视人主,将何以自为廪乎?"对曰:"郑长者有言曰:'夫虚静无为而无见也。'其可以为此廪乎!"

【译文】

还有一种说法:齐宣王询问唐易子射鸟的事说:"射鸟应当注意什么?"唐易子说:"应注意小心守护谷仓。"齐宣王问:"什么是小心守护谷仓?"唐易子回答道:"鸟用几十只眼睛盯着人,人却只能用两只眼睛防备鸟,怎么会不谨慎地守护谷仓呢?因此说'小心守护谷仓'。"齐宣王问:"那么如何像守护谷仓那样守护天下呢?如今君主用两只眼睛看管一个国家,一个国家的人拿几万只眼睛窥测君主,那如何像守护谷仓那样守护天下呢?"唐易子回答道:"郑长者曾经讲过:'虚静无所作为并且不露声色。'这大概能够守护了吧!"

国羊重于郑君,闻君之恶己也,侍饮,因先谓君曰:"臣适①不幸而有过,愿君幸②而告之,臣请变更,则臣免死罪矣。"

【注释】

①适:假如。
②幸:宠幸,宠爱。

【译文】

国羊受到郑国君主的重用,听闻国君嫌恶自己,因此在陪伴君主喝酒的时候,先跟君主说:"假如我不小心犯了罪过,希望您能宠爱我并告诉我,我乐意改变,那么我就能免于死罪了。"

客有说韩宣王,宣王说①而太息,左右引王之说之以先告客以为德。

【注释】

①说:通"悦",高兴。

【译文】

有说客游说韩宣王,韩宣王听后很高兴并感叹,宣王的侍从争先恐后地把宣王喜欢客人的话告诉客人,以此作为自己的恩德。

靖郭君之相齐也,王后死,未知所置,乃献玉珥以知之。

【译文】

靖郭君担任齐国的相国,王后去世,还不知道哪个人会做王后,所以献上玉做的耳饰以便了解他。

一曰:薛公相齐,齐威王夫人死,中有十孺子皆贵于王,薛公欲知王所欲立而请置一人以为夫人。王听之,则是说行于王而重于置夫人也;王不听,是说不行而轻于置夫人也。欲先知王之所欲置以劝王置之,于是为十玉珥而美其一而献之,王以赋十孺子。明日坐,视美珥之所在而劝王以为夫人。

【译文】

另有一种说法:薛公担任齐国的相国,齐威王的夫人去世了,宫中有十个年轻姬妾都被齐威王宠爱,薛公想了解齐威王准备立哪个为后,以便请求立哪一位为夫人。假如齐威王听从,那这个建议被采用后,他就会受到新立夫人的重视;假如齐威王不听从,那么这个建议不被采用,他就会被新立的夫人轻视。他想先知道齐威王打算立的夫人是哪个,然后再劝齐威王立她为夫人,因此做了十个玉制的耳饰,其中一个尤其漂亮,然后进献给齐威王,齐威王将它们赏赐给了十个姬妾。第二天陪坐的时候,看见最漂亮的玉耳饰戴在谁的耳朵上,就劝齐威王立哪一位为夫人。

甘茂相秦惠王,惠王爱公孙衍,与之间有所言,曰:"寡人将相子。"甘茂之吏道①穴闻之,以告甘茂,甘茂入见王,曰:"王得贤相,臣敢再拜贺。"王曰:"寡人托国于子,安更得贤相?"对曰:"将相犀首②。"王曰:"子安闻之?"对曰:"犀首告臣。"王怒犀首之泄,乃逐之。

【注释】

①道:经过。
②犀首:就是公孙衍。

【译文】

甘茂担任秦惠王的相国,秦惠王喜欢公孙衍,跟他私下有过谈话,说:"我打算任命您做相国。"甘茂手下的官吏透过墙洞听到了,就告诉甘茂,甘茂来拜见秦惠王,说:"大王获得了贤能的相国,我冒昧地再次行礼以表示祝贺。"秦惠王说:"我将国家交托给你,怎么可能有更贤能的相国呢?"甘茂回答说:"您将要任命犀首做相国。"秦惠王说:"你如何听说的?"甘茂回答说:"是犀首跟我说的。"秦惠王对犀首泄密的事非常生气,便赶走了他。

一曰:犀首,天下之善将也,梁王之臣也。秦王欲得之与治天下,犀首曰:"衍其人臣者也,不敢离主之国。"居期年,犀首抵罪于梁王,逃而入秦,秦王甚善之。樗里疾,秦之将也,恐犀首之代之将也,凿穴于王之所常隐语者,俄而王果与犀首计曰:"吾欲攻韩,奚如?"犀首曰:"秋可矣。"王曰:"吾欲以国累子,子必勿泄也。"犀首反走再拜曰:"受命。"于是樗里疾也道穴听之矣。郎中皆曰:"兵秋起攻韩,犀首为将。"于是日也,郎中尽知之;于是月也,境内尽知之。王召樗里疾曰:"是何匈匈①也,何道出?"樗里疾曰:"似犀首也。"王曰:"吾无与犀首言也,其犀首何哉?"樗里疾曰:"犀首也羁旅,新抵罪,其心孤,是言自嫁②于众。"王曰:"然。"使人召犀首,已逃诸侯矣。

【注释】

①匈匈:通"讻讻"。

②嫁:卖弄。

【译文】

还有一种说法:犀首是天下闻名的将领,是魏王的大臣。秦王想让他和自己一起治理天下,犀首说:"我公孙衍是魏王的大臣,不敢离开自己国君的国家。"一年后,犀首得罪了魏王,逃跑到秦国,秦王对他非常好。樗里疾是秦国的大将,担心犀首代替他做将军,因此在秦王常常私下和人谈话的地方掏了一个墙洞,不久秦王果然和犀首商议说:"我想进攻韩国,怎么样?"犀首说:"秋天就行了。"秦王说:"我打算将国家托付给你,你千万不能泄露。"犀首倒退着拜了两拜说:"遵命!"这时候樗里疾通过墙洞听到了。郎中都说:"秦国秋天就要起兵攻打韩国,任命犀首做将军。"在那一天,所有郎中都知道了这个消息;不到一个月,全国都知道了。秦王召见樗里疾问:"流言为什么这样闹哄哄的,这些话都是从哪里传出来的?"樗里疾回答:"可能是犀首说的。"秦王说:"我没有跟犀首说过,为何他会这样说呢?"樗里疾说:"犀首在行旅逃亡中,刚遭到处罚,心里感到孤单,所以用这些话来在人前卖弄。"秦王说:"是这样的。"让人去召见犀首,他已经逃到别的诸侯那里去了。

堂溪公谓昭侯曰:"今有千金之玉卮①,通而无当②,可以盛水乎？"昭侯曰："不可。""有瓦器而不漏,可以盛酒乎？"昭侯曰："可。"对曰："夫瓦器至贱也,不漏,可以盛酒。虽有乎千金之玉卮,至贵,而无当,漏,不可盛水,则人孰注浆哉？今为人主而漏其群臣之语,是犹无当之玉卮也。虽有圣智,莫尽其术,为其漏也。"昭侯曰："然。"昭侯闻堂溪公之言,自此之后,欲发③天下之大事,未尝不独寝,恐梦言而使人知其谋也。

【注释】

①卮：杯。

②当：底。

③发：做,举。

【译文】

堂溪公跟韩昭侯说："如今有价值千金的玉杯,通透没底,能盛水吗？"韩昭侯说："不能。""有瓦做的器皿却不漏,能盛酒吗？"韩昭侯说："能。"堂溪公回答说："瓦器是非常低贱的,只要不漏便能盛酒。即便有价值千金的玉杯,十分的贵重,但没有底,是漏的,便不能盛水,那么谁会在里面倒酒呢？如今做君主的却吐露了群臣的言语,就如同没有底的玉杯。大臣即使有圣明的智慧,也不能够竭尽治国之道,因为君主会泄露出去。"韩昭侯说："说得对！"韩昭侯听了堂溪公的话之后,想要做大事,必定独自睡觉,是担心说梦话会让人知道他的计谋。

一曰：堂溪公见昭侯曰："今有白玉之卮而无当,有瓦卮而有当,君渴,将何以饮？"君曰："以瓦卮。"堂溪公曰："白玉之卮美,而君不以饮者,以其无当耶？"君曰："然。"堂溪公曰："为人主而漏泄其群臣之语,譬犹玉卮之无当。"堂溪公每见而出,昭侯必独卧,惟恐梦言泄于妻妾。

【译文】

还有一种说法:堂溪公进见韩昭侯说:"如今有白玉做的杯子却没有底,有瓦做的杯子却有底,您口渴,会用哪个杯子喝水呢?"韩昭侯说:"用瓦杯。"堂溪公说:"白玉杯非常美丽,但您却不用它喝水,是由于它没有底吗?"韩昭侯回答:"是的。"堂溪公说:"当君主的却泄露了大臣的话,就如同玉杯没有了底。"堂溪公每次进见韩昭侯出来后,韩昭侯必定一个人睡觉,因为担心梦话会把计谋泄露给妻妾。

申子曰:"独视者谓明,独听者谓聪;能独断者,故可以为天下主。"

【译文】

申子说:"能够独自观察事物的叫作明,能够独自听取意见的叫作聪;能够独自决断事情的,就能做天下的主人了。"

说三

宋人有酤酒者,升概①甚平,遇客甚谨,为酒甚美,县②帜甚高,著③然不售,酒酸。怪其故,问其所知。问长者杨倩,倩曰:"汝狗猛耶?"曰:"狗猛则酒何故而不售?"曰:"人畏焉!或令孺子怀钱挈壶瓮而往酤,而狗迓而龁之,此酒所以酸而不售也。"夫国亦有狗,有道之士怀其术而欲以明万乘之主,大臣为猛狗迎而龁之,此人主之所以蔽胁,而有道之士所以不用也。故桓公问管仲:"治国最奚患?"对曰:"最患社鼠矣。"公曰:"何患社鼠哉?"对曰:"君亦见夫为社者乎?树木而涂之,鼠穿其间,掘穴托其中。熏之则恐焚木,灌之则恐涂阤④。此社鼠之所以不得也。今人君之左右,出则为势重而收利于民,入则比周而蔽恶于君。内间主之情以告外,外内为重,诸臣百吏以为富。吏不诛则乱法,诛之则君不安。据而有之,此亦国之社鼠也!"故人臣执柄而擅禁,明为己者必利,而不为己者必害,此亦猛狗也。夫大臣为猛狗而龁有道之士矣,左右又为社鼠而间主之情,人主不觉。如此,主焉得无壅,国焉得无亡乎?

【注释】

①升概:度量器具。升,量器。概,量粮食时用以刮平斗斛的木板。

②县:通"悬"。

③著:停滞,滞留。

④陁(zhì):脱落。

【译文】

对"经三"的解释

宋国有个卖酒的人,他的量器很公平,对待客人十分恭敬,酒酿得也很好,酒幌子挂得很高,但是酒却滞销卖不出去,酒都变酸了。他不明白是什么原因,就问他认识的人。请教比他年长的人杨倩,杨倩说:"你的狗凶猛吗?"他问:"狗凶猛怎么酒就卖不出去呢?"杨倩说:"人害怕狗啊!有人让小孩子拿着钱拎着酒壶去买酒,可是狗迎上来咬他,这便是酒放酸了也卖不出去的缘故。"国家也养着狗,那些知道治国方略的人通晓统治之术,打算用它来使拥有万辆兵车的大国的君主变得贤明,大臣就如同恶狗迎上去咬他们,这便是君主被蒙蔽被胁迫,而通晓治国方略的人却不能被任用的原因。因此齐桓公问管仲:"治国最害怕什么?"管仲回答说:"最害怕钻在土地神神坛里的老鼠。"齐桓公问:"为什么担心社鼠呢?"管仲回答说:"您见过社神里的样子吗?给树木抹上泥巴,老鼠活动在其中,挖洞住在里面。用烟熏,担心烧毁木头;用水灌,担心泥土脱落。这是社鼠不能被捉到的缘故。如今君主左右的侍从,外出就凭借权势从人民那里获取利益,在宫内就结成党羽对君主隐藏自己的罪行。在宫里刺探君主的内情告诉外人,内外相互勾结增强权势,群臣都因此致富。假如执法的官吏不惩罚他们,便会扰乱法治;假如惩罚他们,君主便会不安。依赖并控制了君主,他们对于国家来说,就如同钻在神坛里的老鼠啊!"因此大臣执掌权柄而专擅禁令,申明替自己效力的肯定有利,不替自己效力的肯定有害,这也是跟猛狗一样的。大臣如同凶猛的狗去咬有治国方略的人,左右侍从又如同神坛里的老鼠一样刺探君主的情况,君主却并未发觉,这样一来,君主怎么会不受蒙蔽,国家怎么会不灭亡呢?

一曰:宋之酤酒者有庄氏者,其酒常美。或使仆往酤庄氏之酒,其狗龁人,使者不敢往,乃酤佗①家之酒,问曰:"何为不酤庄氏之酒?"对曰:"今日庄氏之酒酸。"故曰:"不杀其狗则酒酸。"

【注释】

①佗:通"他"。

【译文】

另有一种说法:宋国卖酒的有个姓庄的人,他的酒一直非常好。有人派仆人去买庄家的酒,庄家的狗却咬人,被派去的人不敢过去,就买了别家的酒,主人问:"为什么不去买庄家的酒?"仆人回答说:"今天庄家的酒是酸的。"因此说:"不杀死凶恶的狗,酒就会变酸了。"

一曰:桓公问管仲曰:"治国何患?"对曰:"最苦社鼠。夫社,木而涂之,鼠因自托也。熏之则木焚,灌之则涂阤,此所以苦于社鼠也。今人君左右,出则为势重以收利于民,入则比周谩侮蔽恶以欺于君。不诛则乱法,诛之则人主危。据而有之,此亦社鼠也。"故人臣执柄擅禁,明为己者必利,不为己者必害,亦猛狗也。故左右为社鼠,用事者为猛狗,则术不行矣。

【译文】

还有一种说法:齐桓公问管仲:"治国害怕什么?"管仲回答说:"最难的是清除社鼠。土地神像,是用木头涂上泥做的,老鼠就借以托身。假如用烟熏,木头便会焚烧,假如用水灌,泥土便会脱落,这就是被社鼠困扰的缘故。如今君主的侍从,外出就凭借权势从人民那里获取利益,在宫内就结成党羽对君主隐藏自己的罪行。不惩罚他们,便会扰乱法治;

惩罚他们,君主便会有危险。依赖并控制了君主,这也是如同社鼠一样。"因此大臣执掌权柄而专擅禁令,申明为自己效力的肯定有利,不为自己效力的肯定有害,这也是跟猛狗一样的。因此左右侍从如同社鼠一样,大臣如同猛狗,君主的统治之术便不能实行了。

尧欲传天下于舜,鲧谏曰:"不祥哉!孰以天下而传之于匹夫乎?"尧不听,举兵而诛,杀鲧于羽山之郊。共工又谏曰:"孰以天下而传之于匹夫乎?"尧不听,又举兵而诛共工于幽州之都。于是天下莫敢言无传天下于舜。仲尼闻之曰:"尧之知舜之贤,非其难者也。夫至乎诛谏者,必传之舜,乃其难也。"一曰:"不以其所疑败其所察,则难也。"

【译文】

尧打算将天下传给舜,鲧进谏说:"不祥啊!谁会将天下传给平民呢?"尧不听信他的言论,并发兵去攻打他,在羽山的郊野杀死了鲧。共工又进谏说:"谁会将天下传给平民呢?"尧不听他的言论,又发兵攻打他,在幽州的都城诛杀了共工。然后天下没有人敢说不要将天下传给舜的话。孔子听后说:"尧知道舜的贤能,这并不困难。但是做到诛杀进谏的人,一定要将天下传给舜,这才是最困难的。"还有一种说法是:"不因别人的怀疑来损坏自己的明察,这是很困难的啊!"

荆庄王有茅门①之法曰:"群臣大夫诸公子入朝,马蹄践霤②者,廷理③斩其辀④,戮其御。"于是太子入朝,马蹄践霤,廷理斩其辀,戮其御。太子怒,入为王泣曰:"为我诛戮廷理。"王曰:"法者所以敬宗庙、尊社稷。故能立法从令尊敬社稷者,社稷之臣也,焉可诛也?夫犯法废令不尊敬社稷者,是臣乘君而下尚校⑤也。臣乘君则主失威,下尚校则上位危。威失位危,社稷不守,吾将何以遗子孙?"于是太子乃还走,避舍露宿三日,北面再拜请死罪。

【注释】

①茅门:雉门。诸侯宫殿里的第二道门。
②霤(liù):屋檐下面滴水的地方。
③廷理:楚国的官名,执掌刑法。
④轴:指车上的曲形车辕。
⑤下尚校(jiào):尚,通"上"。校,敌对,对抗。

【译文】

楚庄王统治时期有关于雉门的法律:"群臣大夫以及诸位公子入朝,马蹄踩到屋檐下滴水的地方,廷理就斩断他的车辕,杀死他的驾车人。"所以当太子入朝,马蹄踩到了房檐下滴水的地方的时候,廷理就斩断他的车辕,处死了驾车的人。太子非常生气,入宫向楚庄王哭泣说:"请为我惩罚杀死那个廷理。"楚庄王说:"法律,是用来让宗庙敬重、令国家尊贵。能树立法律、遵从禁令,让国家得到尊重的,便是国家的重臣,怎么能够处罚他呢?那些违反法律、废弃法令,不尊敬国家的人,使大臣欺凌君主,上下相对抗。大臣欺凌君主,君主就会失去威信;上下相对抗,上面的地位就危险了。失去威信、处于危险,国家就守不住,我还拿什么留给子孙呢?"所以太子转身退下,离开居住的宫殿,在外面露宿三天,面朝北边一再下拜,请求给自己判处死罪。

一曰:楚王急召太子。楚国之法,车不得至于茅门。天雨,廷中有潦,太子遂驱车至于茅门。廷理曰:"车不得至茅门。非法也。"太子曰:"王召急,不得须无潦。"遂驱之。廷理举殳而击其马,败其驾。太子入为王泣曰:"廷中多潦,驱车至茅门,廷理曰非法也,举殳击臣马,败臣驾,王必诛之。"王曰:"前有老主而不逾,后有储主而不属,矜矣!是真吾守法之臣也。"乃益爵二级,而开后门出太子。"勿复过。"

【译文】

还有一种说法:楚王紧急召见太子。楚国法律有规定,车马不能驶到雉门。天上下雨,宫内有积水,于是太子驾车到了雉门。廷理说:"车子不能到雉门。这是不合乎法律的。"太子说:"大王召见得十分紧急,不可以等到没有积水。"因此就驱车前进。廷理扬起长殳殴打他的马,损坏了他的车。太子进宫对楚王哭泣说:"宫廷内多积水,我驾车到雉门,廷理说这不合于法律,就用长殳打伤我的马,损坏了我的车,您一定要惩罚他。"楚王说:"上有我这个老君王在,他不会因为我超越法律;下有你这个即将继位的太子,他也不废弃法律去依附你,真是值得夸耀的啊!这真是我守法的大臣啊!"便给他增加两级爵位,开启后门让太子出去,叮嘱他说:"不要再犯这样的过错了。"

卫嗣君谓薄疑曰:"子小寡人之国以为不足仕,则寡人力能仕子,请进爵以子为上卿。"乃进田万顷。薄子曰:"疑之母亲疑,以疑为能相万乘所不窕①也。然疑家巫有蔡妪者,疑母甚爱信之,属之家事焉。疑智足以信言家事,疑母尽以听疑也。然已与疑言者,亦必复决之于蔡妪也。故论疑之智能,以疑为能相万乘而不窕也;论其亲,则子母之间也,然犹不免议之于蔡妪也。今疑之于人主也,非子母之亲也,而人主皆有蔡妪。人主之蔡妪,必其重人也。重人者,能行私者也。夫行私者,绳之外也;而疑之所言,法之内也。绳之外与法之内,仇也,不相受也。"

【注释】

① 不窕(tiǎo):窕,细,细小。不窕,充实,有实力。

【译文】

卫嗣君向薄疑说:"你以为我的国家小,不值得在这里当官,但是我有力量能让你做官,使你晋爵为上卿。"因此给他一万项田地。薄疑说:"我的母亲喜欢我,以为我可以担任大国的相国,还绰绰有余。但是我家有个巫婆叫作蔡婆婆,我的母亲十分喜欢信任她,将家事都交托给她。我的智慧足够使人相信能办好家事,我的母亲也完全听信我。但是已经同我商量好的事,却一定要再次跟蔡婆婆商量。因此论我的智慧和能力,当大国的相国也有余力;论亲密,是母子关系,但是仍不免要跟蔡婆婆商量。如今我对君主来说,并无儿子和母亲的亲密关系,而君主身边都是像蔡婆婆这样的人。君主身边的蔡婆婆,肯定是重要人物。重要的人,就能够谋取私利。谋取私利的人,就是在法律准绳之外了;而我所讲的话,是在法律之内的。法律准绳之外和法律之内,它们是敌对的,不能互相接受。"

一曰:卫君之晋,谓薄疑曰:"吾欲与子皆①行。"薄疑曰:"媪也在中,请归与媪计之。"卫君自请薄媪,薄媪曰:"疑,君之臣也,君有意从之,甚善。"卫君曰:"吾以②请之媪,媪许我矣。"薄疑归言之媪也,曰:"卫君之爱疑奚与媪?"媪曰:"不如吾爱子也。""卫君之贤疑奚与媪也?"曰:"不如吾贤子也。""媪与疑计家事,已决矣,乃请决之于卜者蔡妪。今卫君从疑而行,虽与疑决计,必与他蔡妪败之,如是则疑不得长为臣矣。"

【注释】

①皆:通"偕",一起。

②以:通"已",已经。

【译文】

还有一种说法:卫国君主来到晋国,向薄疑说:"我打算和你一起走,请你为我效劳。"薄疑说:"我的母亲在家里,请允许我回去跟母亲商量。"卫君亲自去恳求薄老太太,薄老太太说:"薄疑是君主的大臣,您有意让他追随您,很好。"卫君说:"我已经恳请了你母亲,她同意了。"薄疑回家跟母亲说:"卫君爱我跟你相比怎么样?"薄老太太说:"他不如我爱你。""那卫君以为我贤能的想法跟你相比怎么样?"母亲回答说:"他不如我以为你贤能。""母亲跟我计议家里的事,已经决定了的,还要让占卜的蔡婆婆决定。如今卫君让我和他一起走,就算和我商议,必然会跟另一个蔡婆婆商议导致失败,这样一来我就不能长久做他的大臣了。"

夫教歌者,使先呼而诎①之,其声反②清徵者乃教之。

【注释】
①诎:屈曲,调节发音。
②反:通"返",返回。

【译文】
教习唱歌的人,先让人放声歌唱,然后进行调节,声音能返回到纯正的徵音的人,就教习他们。

一曰:教歌者,先揆①以法:疾呼中宫,徐呼中徵。疾不中宫,徐不中徵,不可谓②教。

【注释】
①揆:检查,考察。
②谓:通"为",被。

【译文】
还有一种说法:教习唱歌的人,先用音法考察他们:急速发音符合宫音,缓慢发音符合徵音。急速发音不符合宫音,缓慢发音不符合徵音,不能叫作教习唱歌。

吴起,卫左氏中人也。使其妻织组①而幅狭于度,吴子使更之,其妻曰:"诺。"及成,复度之,果不中度,吴子大怒。其妻对曰:"吾始经之而不可更也。"吴子出之。其妻请其兄而索入,其兄曰:"吴子,为法者也。其为法也,且欲以与万乘致功,必先践之妻妾然后行之,子毋几②索入矣。"其妻之弟又重于卫君,乃因以卫君之重请吴子,吴子不听,遂去卫而入荆也。

【注释】

①组:带,丝带。

②几:通"冀",希望。

【译文】

吴起是卫国左城城里的人。他让妻子编织丝带,但是宽度比标准狭窄,吴起责令她去更改,妻子说:"知道了。"等织成了,再次度量,果然依旧不合于标准,吴起十分生气。妻子回答道:"我开始的时候就已经将经线确定了,因此就不能改变了。"吴起便休掉了妻子。他的妻子恳请她的哥哥要求复婚,她哥哥说:"吴起是一个讲究法治的人。他实行法治,将要用来为大国建立功业,肯定先要在妻妾身上实践然后再实行,你不要想着回家。"妻子的弟弟被卫国国君重用,因此凭借卫国国君的器重去跟吴起请求,吴起还是不同意,于是离开了卫国到了楚国。

一曰:吴起示其妻以组曰:"子为我织组,令之如是。"组已就而效之,其组异善。起曰:"使子为组,令之如是,而今也异善,何也?"其妻曰:"用财①若一也,加务善之。"吴起曰:"非②语也。"使之衣归。其父往请之,吴起曰:"起家无虚言。"

【注释】

①财:通"材",材料。

②非:违背。

【译文】

还有一种说法:吴起给他妻子展示一条丝带,说:"你替我织一条丝带,让它跟这条一样。"丝带织好后拿来跟这条做比较,织好的丝带特别好。吴起说:"我让你织丝带跟这条一样,现在你却织得特别的好,这是什么缘故?"他的妻子说:"使用的材料一样,我加倍努力让它更好的。"吴起说:"你违背了我说的话。"于是让她穿好衣服回娘家去。她的父亲去恳请吴起,吴起说:"我吴起家中没有空话。"

晋文公问于狐偃曰："寡人甘肥周于堂,卮酒豆①肉集于宫,壶酒不清,生肉不布②,杀一牛遍于国中,一岁之功③尽以衣士卒,其足以战民乎?"狐子曰:"不足。"文公曰:"吾弛关市之征而缓刑罚,其足以战民乎?"狐子曰:"不足。"文公曰:"吾民之有丧资者,寡人亲使郎中视事;有罪者赦之,贫穷不足者与之;其足以战民乎?"狐子对曰:"不足。此皆所以慎产④也;而战之者,杀之也。民之从公也,为慎产也,公因而迎⑤杀之,失所以为从公矣。"曰:"然则何如足以战民乎?"狐子对曰:"令无得不战。"公曰:"无得不战奈何?"狐子对曰:"信赏必罚,其足以战。"公曰:"刑罚之极安至?"对曰:"不辟⑥亲贵,法行所爱。"文公曰:"善。"明日令田⑦于圃陆,期以日中为期,后期者行军法焉。于是公有所爱者曰颠颉后期,吏请其罪,文公陨涕而忧。吏曰:"请用事焉。"遂斩颠颉之脊,以徇百姓,以明法之信也。而后百姓皆惧曰:"君于颠颉之贵重如彼甚也,而君犹行法焉,况于我则何有矣?"文公见民之可战也,于是遂兴兵伐原,克之;伐卫,东其亩,取五鹿;攻阳,胜虢;伐曹;南围郑,反之陴⑧;罢宋围;还与荆人战城濮,大败荆人;返为践土之盟,遂成衡雍之义。一举而八有功。所以然者,无他故异物,从狐偃之谋,假颠颉之脊也。

【注释】

①豆:指盛食物的器具。

②布:布置,陈列。

③功:指女工。

④慎产:慎,通"顺"。产,产生。

⑤迎:逆。

⑥辟:通"避",躲避。

⑦田:狩猎,打猎。

⑧反之陴:反,覆。陴,矮墙,城上女墙。

【译文】

晋文公问狐偃:"我甜美的佳肴赏赐给殿堂上的每个人,只留少量的酒肉在宫里,壶里的酒不等它澄清就给人喝,鲜肉不存放就拿给人吃,杀一头牛也要赏赐给全国的人,一年的女工都拿来给士兵做衣服,这足够让人民替我作战吗?"狐偃回答说:"不够。"文公又说:"我减少关口和市集的赋税,减免刑罚,这足够让人民替我作战吗?"狐偃说:"还是不够。"文公又说:"我的百姓里有失去财产的,我亲自令郎中去考察处理;有罪的人便赦免他们,贫困不足的人便赏赐他们;这足够让人民替我作战吗?"狐偃说:"还是不够。这些都是用来适应人民生活的行为;但是战争是要杀死他们。人民追随你是为了适应生活,你却因此要杀死他们,这是违反了他们追随你的本意。"文公问:"那么怎样能够让人民替我作战?"狐偃说:"使他们不能不作战。"文公说:"让他们不得不作战要怎样做?"狐偃回答说:"有功就要奖赏,有罪就一定处罚,这就能够让人民作战。"文公说:"刑罚的极致要到什么程度?"回答说:"不回避亲近和显贵的人,将法律实行于所喜欢的人。"文公说:"好!"第二天,就命令百官到圃陆去打猎,约定以中午为期限,迟到的就要实行军法。但是文公喜欢的人叫颠颉的迟到了,官吏请求治他的罪,文公掉泪而伤心。官吏说:"请您使用刑。"因此斩断了颠颉的脊背,向百姓示众,用来申明法律的诚信。于是百姓都觉得害怕,说:"国君对于颠颉那样显贵器重的人还要施加法律,更何况对于我了,还有什么能留情的呢?"文公见人民能够作战,便起兵讨伐原城,攻克之后;讨伐卫国,将田埂改为东西方向,攻打五鹿;攻克阳繁,大败虢国;征讨曹国;向南围住郑国,推倒城上的女墙;解除宋国的包围;返回后跟楚国在城濮作战,大败楚国;然后在践土跟诸侯会盟,同郑伯在衡雍结义。一口气建立了八项功业。之所以能这样,并没有特殊的原因,只不过遵从了狐偃的计谋、借助颠颉的脊梁罢了。

夫痤疽①之痛也,非刺骨髓,则烦心不可支也;非如是不能使人以半寸砥石弹之。今人主之于治亦然,非不知有苦则安;欲治其国,非如是不能听圣知②而诛乱臣。乱臣者,必重人;重人者,必人主所甚亲爱也；人主所甚亲爱也者，是同坚白③也。夫以布衣之资，欲以离人主之坚白、所爱，是以解左髀说右髀者，是身必死而说不行者也。

【注释】

①痤(cuó)疽(jū)：就是毒疮。

②知：通"智"，智慧。

③坚白：石头坚硬的属性和白色的属性，形容不能分开的事物。

【译文】

毒疮的疼痛，如果不用针刺骨髓，就会心里烦乱不能支撑；不这样就不会让医生拿半寸的石针去刺破它。如今君主对于治理国家也是如此，并非不知道经历艰苦才能安稳；想要治理国家，不这样便不能听从圣明智慧的人来惩处作乱的臣子。作乱的臣子肯定是掌握了权势的重要人物；重要的人物，肯定是君主所亲信喜欢的。君主所亲信喜欢的，就是跟君主不能分开的人。用平民百姓的身份，想要让君主跟他喜欢的人分开，这是用锯掉左腿的建议去游说右腿，这肯定会导致自己死亡而建议却不能实行的。

难二

景公过晏子曰:"子宫小,近市,请徙子家豫章之圃。"晏子再拜而辞曰:"且婴家贫,待市食,而朝暮趋之,不可以远。"景公笑曰:"子家习①市,识贵贱乎?"是时景公繁于刑,晏子对曰:"踊②贵而屦③贱。"景公曰:"何故?"对曰:"刑多也。"景公造然变色曰:"寡人其暴乎!"于是损刑五。

【注释】

①习:接近。

②踊:假脚。

③屦:草鞋。

【译文】

齐景公在拜访晏子时说:"您住的房子小,又接近集市,请允许我把您家迁到豫章的园林中去吧。"晏子两次下拜推辞说:"晏婴家里贫穷,需要去集市购买食物,早晚都要去,不可以远离集市。"齐景公笑着说:"您的家挨近集市,懂得贵贱吗?"此时齐景公的刑法繁多,晏子回答道:"假脚贵,草鞋便宜。"齐景公问:"这是什么原因?"晏子回答说:"由于刑法太滥。"齐景公大惊色变,说:"难道我暴虐吗?"因此减少了五种刑法。

或曰:晏子之贵踊,非其诚也,欲便①辞以止多刑也。此不察治之患也。夫刑当无多,不当无少。无以不当闻,而以太多说,无术之患也。败军之诛以千百数,犹北不止;即治乱之刑如恐不胜,而奸尚不尽。今晏子不察其当否,而以太多为说,不亦妄乎!夫惜草茅者耗禾穗,惠盗贼者伤良民。今缓刑罚,行宽惠,是利奸邪而害善人也,此非所以为治也。

【注释】

①便:辩,巧辩。

【译文】

有的人说:晏子认为假脚贵,这是不诚实的,是想要用巧辩的言语来阻止繁多的刑罚。这是不会治理国家造成的隐患。用刑恰当,不计较多;用刑不恰当,不在乎少。不让君主知道用刑不当,却以君主用刑太多劝说,这是不明白统治术造成的谬误。打败仗的军队被杀死的人用千百计算,尚且溃败不能停止;就如同治理混乱的刑罚只担忧使用得不够,奸邪尚且不能够完全除掉。如今晏子不去考察刑罚是否恰当,却用刑罚太多来劝说君主,不是太虚妄了吗!那舍不得茅草的,便会损耗庄稼;姑息盗贼的,便会伤害良民。如今宽缓了刑罚,实行宽厚仁爱的统治,便是有利于奸邪的人,却伤害了善良的人,这不是拿来治理国家的方法。

齐桓公饮酒醉,遗其冠,耻之,三日不朝。管仲曰:"此非有国之耻也,公胡其不雪之以政?"公曰:"胡①其善。"因发仓囷,赐贫穷;论囹圄,出薄罪。处三日而民歌之曰:"公胡不复遗冠乎!"

【注释】

①胡:就是"何"。

【译文】

齐桓公喝酒醉了,丢了帽子,觉得很耻辱,三天没去上朝。管仲说:"这不是国君的耻辱,您为何不用搞好政治来洗刷耻辱呢?"桓公说:"你说得真好啊!"因此打开粮仓,将粮食分发给穷困的人;审查监狱,释放罪过小的人。过了三天,百姓唱歌说:"君主为何不再丢失帽子呢!"

或曰:管仲雪桓公之耻于小人,而生桓公之耻于君子矣。使桓公发仓囷而赐贫穷,论囹圄而出薄罪,非义也,不可以雪耻使之而义也。桓公宿义,须遗冠而后行之,则是桓公行义,非为遗冠也①。是虽雪遗冠之耻于小人,而亦遗义之耻于君子矣。且夫发困仓而赐贫穷者,是赏无功也;论囹圄而出薄罪者,是不诛过也。夫赏无功则民偷幸而望于上,不诛过则民不惩而易为非。此乱之本也,安可以雪耻哉?

【注释】

①非为遗冠也:"非"字为衍文,删去不译。

【译文】

有的人说:管仲虽然在小人中洗去了桓公的耻辱,但是在君子中增添了桓公的耻辱。假如桓公打开粮仓将粮食赏赐给穷困的人,审查监狱而释放罪过小的人是不合于道义的,那便不能由于洗刷耻辱的缘故将它看作是合于道义的。桓公一向是在心中仰慕道义的,但需要丢失了帽子才去做,如此一来桓公实行道义,就是由于丢掉了帽子。那么桓公即便在小人中洗刷掉了丢失帽子的耻辱,但在君子中增添了丢失道义的耻辱。何况打开粮仓将粮食赏赐给穷困的人,便是奖赏没有功劳的;审查监狱并释放罪过小的人,便是不惩罚犯了错的。奖赏没有功劳的,那么人民就会希望能侥幸从君主那里得到赏赐;不处罚犯了错的,那么人民不遭到惩戒就容易做坏事。这是导致国家混乱的根本,怎么能够洗刷耻辱呢?

昔者文王侵孟①、克莒、举酆,三举事而纣恶之。文王乃惧,请入洛西之地、赤壤之国②方千里,以请解炮烙之刑,天下皆说③。仲尼闻之曰:"仁哉文王!轻千里之国而请解炮烙之刑。智哉文王!出千里之地而得天下之心。"

【注释】

①孟:应是"盂",即"邘",地名。

②国:指土地。
③说:通"悦"。

【译文】

以前周文王侵犯邘,攻克了莒,占领了酆,这三件事做成后,纣王便厌恶他了。因此文王感到恐惧,请求向纣王献出洛水西边、赤壤国方圆千里的土地,用来请求废除炮烙的刑罚,天下人都非常高兴。孔子听闻以后说:"文王真是仁慈啊!不看重方圆千里的土地来请求废除炮烙的刑罚。文王真是聪明啊!拿出方圆千里的土地就获得了天下人的心。"

或曰:仲尼以文王为智也,不亦过乎?夫智者知祸难之地而辟①之者也,是以身不及于患也。使文王所以见恶于纣者,以其不得人心耶,则虽索人心以解恶可也。纣以其大得人心而恶之,己又轻地以收人心,是重见疑也。固②其所以桎梏囚于羑里也。郑长者有言:"体道,无为无见也。"此最宜于文王矣,不使人疑之也。仲尼以文王为智,未及此论也。

【注释】

①辟:通"避",避开。
②固:通"故"。

【译文】

有的人说:孔子以为文王聪明,难道不是很错误吗?明智的人,知道祸患灾难的所在而能躲避它,因此自身不会遭到危害。假如文王被纣王厌恶的缘由,是他不得人心,那么用求得人心的办法来解除厌恶,也算可以的。纣王由于他太得人心而厌恶他,他自己又轻视土地而收买人心,这便加重了被怀疑。因此他才会被拘禁在羑里。郑长者说过:"奉行大道,便是无所作为、无所显露。"这句话最适合文王,不会令人怀疑他。孔子以为文王聪明,是他不懂得这个道理。

晋平公问叔向曰:"昔者齐桓公九合诸侯,一匡天下,不识臣之力也？君之力也?"叔向对曰："管仲善制割,宾胥无善削缝,隰朋善纯①缘,衣成,君举而服之。亦臣之力也,君何力之有?"师旷伏琴而笑之。公曰："太师奚笑也?"师旷对曰："臣笑叔向之对君也。凡为人臣者,犹炮宰,和五味而进之君,君弗食,孰敢强之也？臣请譬之：君者,壤地也；臣者,草木也。必壤地美然后草木硕大。亦君之力也,臣何力之有?"

【注释】

①纯(zhǔn)：做装饰的边缘。

【译文】

晋平公询问叔向说："以前齐桓公九次会合诸侯,统一了天下,不知是大臣的力量呢,还是君主的力量呢?"叔向回答道："管仲擅长裁剪,宾胥不擅长缝纫,隰朋擅长修饰衣边,衣服制成了,君主拿起来穿上了。这是大臣的力量,君主出了什么力呢?"师旷俯在琴上笑他。平公问："太师为何发笑呢?"师旷答道："我笑叔向对您的回答。但凡做大臣的,就如同厨师,调和各种味道然后进献给君主,君主假如不吃,谁能强迫他呢？请允许我来打个比方：君主便是土壤,大臣就是草木。一定要有肥沃的土壤,之后草木才能茂盛。这便是君主的力量,大臣出了什么力呢?"

或曰：叔向、师旷之对皆偏辞也。夫一匡天下,九合诸侯,美之大者也,非专君之力也,又非专臣之力也。昔者宫之奇在虞,僖负羁①在曹,二臣之智,言中事,发中功,虞、曹俱亡者,何也？此有其臣而无其君者也！且蹇叔处干②而干亡,处秦而秦霸,非蹇叔愚于干而智于秦也,此有君与无臣③也。向曰"臣之力也"不然矣。昔者桓公宫中二市,妇闾④二百,被发而御妇人,得管仲为五伯⑤长,失管仲得竖刁,而身死,虫流出尸不葬。以为非臣之力也,且不以管仲为霸；以为君之力也,且不以竖刁为乱。昔者晋文公慕于齐女而亡归,咎犯极谏,故使反晋国。故桓公以管仲合,文公以舅犯霸,而师旷曰"君之力也"又不然矣。凡五霸所以能成功名于天下者，必君臣俱有力焉。故曰：叔向、师旷之对皆偏辞也。

【注释】

①僖负羁：又作"釐负羁"。

②干：虞国。

③臣：应是"君"。

④闾：里巷的门。

⑤五伯：就是"五霸"，春秋时候的五位霸主：齐桓公、晋文公、楚庄王、吴王阖闾、越王勾践。

【译文】

有的人说：叔向同师旷的对答都是不公正的。统一并匡扶了天下，九次会合诸侯，都是非常完美的大功业，不是单靠着君主的力量，也不是单靠着大臣的力量。以前宫之奇在虞国，僖负羁在曹国，两位大臣的智慧，说出的话都可以预料到事实，行动都可以得到功效，但是虞国跟曹国都灭亡了，这是什么原因呢？这是由于有大臣的力量却没有君主的力量啊！蹇叔在虞国，但是虞国灭亡了，他来到秦国，秦国便成了霸主，不是由于蹇叔在虞国愚昧，却在秦国聪明，这是有君主的力量同没有君主的力量的不同。叔向说"是大臣的力量"就不对了。以前齐桓公宫中有两个集市，宫女居住的里巷门就有二百个，他披头散发玩弄女人，得到了管仲便成了五霸的第一个，失去管仲重用竖刁，所以自己身死，虫子涌出了尸体也没有安葬。假如认为不是大臣的力量，那便不会由于管仲而称霸；假如认为是君主的力量，那便不会由于竖刁而导致祸乱。以前晋文公贪慕齐国的女子而忘记了回国，舅犯极力进谏劝阻，才让他返回了晋国。因此齐桓公由于管仲才能会合诸侯，晋文公由于舅犯才称霸，而师旷说"是君主的力量"又不对了。但凡这五位霸主能在天下建立功业和声名，肯定是君臣都出力了。因此说：叔向跟师旷的对答都是有失公正的。

齐桓公之时,晋客至,有司请礼,桓公曰"告仲父"者三。而优笑曰:"易哉为君!一曰仲父,二曰仲父。"桓公曰:"吾闻君人者劳于索人,佚于使人。吾得仲父已难矣,得仲父之后,何为不易乎哉!"

【译文】

齐桓公在位时,晋国的宾客来了,有司吏请问招待的礼仪,桓公说"去请问仲父",说了三遍。所以身边的优伶笑着说:"当君主真容易啊!只要回答说'仲父'就行了。"桓公说:"我听闻做君主的人,在寻找人才的时候劳累,却能在使用人才的时候安逸。我得到仲父本来就很困难了,得到仲父之后,为什么不容易些呢?"

或曰:桓公之所应优,非君人者之言也。桓公以君人为劳于索人,何索人为劳哉?伊尹自以为宰干汤,百里奚自以为虏干穆公。虏,所辱也;宰,所羞也;蒙羞辱而接君上,贤者之忧世急也。然则君人者无道①贤而已矣,索贤不为人主难。且官职所以任贤也,爵禄所以赏功也。设官职,陈爵禄,而士自至,君人者奚其劳哉?使人又非所佚也。人主虽使人必以度量,准之以刑名②,参之以事;遇③于法则行,不遇于法则止;功当其言则赏,不当则诛。以刑名收臣,以度量准下,此不可释也,君人者焉佚哉?索人不劳,使人不佚,而桓公曰"劳于索人,佚于使人"者,不然。且桓公得管仲又不难,管仲不死其君而归桓公,鲍叔轻官让能而任之,桓公得管仲又不难明矣。已得管仲之后,奚遽易哉?管仲非周公旦。周公旦假为天子七年,成王壮,授之以政,非为天下计也,为其职也。夫不夺子而行天下者,必不背死君而事其仇;背死君而事其仇者,必不难夺子而行天下;不难夺子而行天下者,必不难夺其君国矣。管仲,公子纠之臣也,谋杀桓公而不能,其君死而臣桓公。管仲之取舍非周公旦,未可知也。若使管仲大贤也,且为汤、武。汤、武,桀、纣之臣也,桀、纣作乱,汤、武夺之。今桓公以易居其上,是以桀、纣之行居汤、武之上,桓公危矣。若使管仲不肖人也,且为田常。田常,简公之臣也,而弑其君。今桓公以易居其上,是以简公之易居田常之上也,桓公又危矣。管仲非周公旦以④明矣,然为汤、武与田常,未可知也。为汤、武有桀、纣之危,为田常有简公之乱也。已得仲父之后,桓公奚遽易哉! 若使桓公之任管仲必知不欺己也,是知不欺主之臣也。然虽知不欺主之臣,今桓公以任管仲之专借竖刁、易牙,虫流出尸⑤而不葬。桓公不知臣欺主与不欺主已明矣,而任臣如彼其专也。故曰:桓公暗主。

【注释】

①道:有学者认为应为"遗"之误。
②刑名:通"形名"。形,就是事物的实际情况;名,就是名称。
③遇:合。
④以:通"已"。
⑤尸:应是"户"。

【译文】

有的人说:齐桓公回答优伶的话,不是当君主的该说的。桓公认为君主在寻觅人才的时候劳累,寻觅人才怎会劳累呢?伊尹自己去当厨师以求得商汤的任用,百里奚自己去当奴隶以求得秦穆公的任用。当奴隶是受人侮辱的,当厨师是遭人耻笑的。蒙受羞辱而接近君主,是由于贤能的人对天下的担忧很急迫啊;所以君主只要不遗失有贤能的人就行了,寻觅贤能的人对君主来说并非困难。何况官职是拿来任用贤能的,爵禄是拿来奖赏有功劳的。设置官职、陈设爵禄,士人自己就会来,君主哪里劳累呢?任用人也不是件安逸的事。君主就算用人,一定要有标准来衡量他,以形名是否一致去考察他,用事情去衡量;合于法度便实行,不合于法度便停止;功业跟言辞相匹配就奖赏,不相匹配就处罚。以形名是否一致来录用大臣,用标准来衡量大臣;这是不能丢掉的方法,君主怎么能安逸呢?寻觅人才并不劳累,使用人才也并非安逸,但齐桓公却说"寻觅人才费力,使用人才安逸"的话,这就不对了。何况齐桓公得到管仲并不困难,管仲并未追随他的君主死去,而是归顺了桓公,鲍叔牙不重视官职而让位给贤能因此任用了他,桓公得到管仲并不困难,这是很明了的。得到管仲之后,怎么就容易了呢？管仲并非周公旦。周公旦假借天子的位置治理天下七年,周成王长大以后,就将政权交给了成王,周公旦并非为了得到天下而谋划,而是因为自己的职责。那不愿夺取幼主的地位而统治天下的人,肯定不会背叛已故的君主而侍奉君主的仇人；背叛了已故的君主而侍奉他的仇敌的人,对夺取幼主的地位统治天下,肯定不会感到为难；对夺取幼主地位统治天下而不感到为难的,对夺取君主的国家,也必定不会感到为难。管仲,是公子纠的大臣,谋杀齐桓公失败,他的君主死去而他成了桓公的大臣。管仲对于事情的取舍,并不类周公旦,他是否贤能尚未确定。假如管仲是个很贤能的人,便会成为商汤和周武王一样的人。商汤和周武王,是夏桀和商纣的大臣；夏桀和商纣扰乱了国家,商汤和周武王便夺取了天下。如今齐桓公怀着做君主很容易的思想居于君主的位置上,这便像以夏桀和商纣的行为居于商汤和周武王上面一样,桓公十分危险了。假如管仲是个不贤能的人,可能会成为田常。田常是齐简公的大臣,却杀死了自己的君主。如今桓公怀着做君主非常容易的思想处在君主的位置上,这就如同用齐简公麻痹大意的思想居于田常的上面一样,桓公有危险了。管仲并非周公旦那样的人,已经很清楚了；可是他是会变成商汤和周武王那样的人,还是会变成田常那样的人,这还无从得知。他成为商汤和周武王那样的人,就有如同夏桀和商纣那样的危险；假如他做田常那样的人,就有如同齐简公那样的祸乱。得到仲父以后,桓公怎么就容易了呢！假如齐桓公任用管仲,必定知道他不会欺骗自己,便是能识别不欺骗君主的大臣。但是虽然能识别不欺骗君主的大臣,如今桓公却把任用管仲时的专权转交给了竖刁和易牙,以致死后尸体上的蛆虫都爬出门外了也没有下葬。可见桓公不能识别大臣欺骗君主还是不欺骗君主,这也是很明了的了,但是他任用大臣时竟如此专一。因此说:齐桓公是一个昏昧的君主。

难二

李克治中山,苦陉令上计①而入多。李克曰:"语言辨②,听之说③,不度于义,谓之窕④言。无山林泽谷之利而入多者,谓之窕货。君子不听窕言,不受窕货,子姑免矣。"

【注释】

①上计:地方官员年终向朝廷汇报户口、地方收支等情况。

②辨:通"辩"。

③说:通"悦"。

④窕:通"淫",虚浮不实。下文"窕货",是过度的财物。

【译文】

李克管理中山,苦陉县县令年终汇报情况时收入很多。李克说:"言语善辩,听起来令人喜悦,可是不用道义来衡量它,就叫作虚浮不实的言语。没有山林水泽深谷的便利可是收入多的,就叫作过度的财物。君子不听取浮华不实的言论,不接纳过度的财物,你暂时被罢免了。"

或曰:李子设辞曰:"夫言语辩,听之说,不度于义者,谓之窕言。"辩,在言者;说,在听者。言非听者也。所谓"不度于义",非谓听者,必谓所听也。听者非小人则君子也,小人无义,必不能度之义也;君子度之义,必不肯说也。夫曰"言语辩,听之说,不度于义"者,必不诚之言也。入多之为窕货也,未可远行也。李子之①奸弗蚤②禁,使至于计,是遂过也。无术以知而入多,入多者,穰也,虽倍入将奈何?举事慎③阴阳之和,种树节四时之适④,无早晚之失,寒温之灾,则入多。不以小功妨大务,不以私欲害人事,丈夫尽于耕农,妇人力于织纴,则入多。务于畜养之理,察于土地之宜,六畜遂⑤,五谷殖,则入多。明于权计,审于地形、舟车、机械之利,用力少,致功大,则入多。利商市关梁之行,能以所有致所无,客商归之,外货留之,俭于财用,节于衣食,宫室器械,周于资用,不事玩好,则入多。入多,皆人为也。若天事、风雨时,寒温适,土地不加大,而有丰年之功,则入多。人事、天功,二物者皆入多,非山林泽谷之利也。夫无山林泽谷之利入多,因谓之窕货者,无术之言也。

【注释】

①之:对,对于。

②蚤:通"早"。

③慎:通"顺",顺应。

④种树节四时之适:种树,种植;节,合乎,适应;适,时宜。

⑤遂:生长。

【译文】

有的人说:李克建立言论:"言语善辩,听起来令人喜悦,可是不用道义去衡量它,这便叫作虚浮不实的言语。"善辩,取决于发表言论的人;感到喜悦,取决于听取言论的人。发表言论的人并非听取言论的人。所说的"不用道义来衡量它",不是指听取言论的人,肯定是说所听到的言论。听取言论的人,不是小人便是君子,小人不懂得道义,必定不能用道义去衡量;君子用道义去衡量,必定不会感到喜悦。所谓的"言语善辩,听起来令人喜悦,可是不用道义去衡量它"的话,必定是不真实的话。收入多便是过度收取财物这样的话,并非是到哪儿都可以讲得通的道理。李克对于奸邪不能尽早禁止,等到汇报时才发现,这便是有了过失。没能知道收入增多的原因,假如收入增多的原因,是由于庄稼丰收,就算收入加倍,又怎么样呢?办事情顺应阴阳的调和,种植作物合乎四季的时宜,没有提早或者推迟种植的失误,也没有严寒和炎热的灾害,所以收入就会增多。不因为小的功劳而妨碍大的事务,不因为私人欲望阻碍人事,男人尽力耕种,妇女致力纺织,收入便会增多。致力了解驯养牲畜的规律,观察土地的状况,六畜生长,五谷丰收,所以收入就会增加。在权衡、审计方面十分精通,知道了地形、车船、机械的便利,使用的力气少,获得的功效多,所以收入就会增多。让商市、关口、桥梁的通行更加方便,能用自己有的东西换取没有的东西,商旅都来归依,外来的财物都能留下来,财物使用节俭,衣服饮食也节俭,房屋和器具只满足使用需要,不追求珍稀的玩物,所以收入便会增多。令收入增多的方法,都是人为的。至于自然界的情况,风雨及时,寒暑适宜,就算土地不加大,也会获得丰年的效果,所以收入便会增多。人的努力和天的作用,都可以增加收入,并非有山林水泽深谷的便利。由于没有山林水泽深谷的便利而收入增多,便将它称作过度的财物,这样的言论是没有学问的言论啊!

赵简子围卫之郭郭①,犀楯、犀橹②立于矢石之所不及,鼓之而士不起。简子投枹曰:"乌乎!吾之士数③弊④也。"行人⑤烛过免胄而对曰:"臣闻之:亦有君之不能耳,士无弊者。昔者吾先君献公并国十七,服国三十八,战十有⑥二胜,是民之用也。献公没,惠公即位,淫衍⑦暴乱,身好玉女,秦人恣侵,去绛十七里,亦是人之用也。惠公没,文公授⑧之,围卫、取邺、城濮之战,五败荆人,取尊名于天下,亦此人之用也。亦有君不能耳,士无弊也。"简子乃去楯、橹,立矢石之所及,鼓之而士乘之,战大胜。简子曰:"与吾得革车千乘,不如闻行人烛过之一言也。"

【注释】

①郭郭:指外城。

②橹:比较大的盾牌。

③数:通"速"。

④弊:疲惫。

⑤行人:掌管出使、外交的官吏。

⑥有:通"又"。

⑦淫衍:就是淫佚。

⑧授:通"受"。

【译文】

赵简子用兵围困住了魏国国都的外城,使用坚固的大小盾牌做防护,站在箭和石头攻打不到的地方,擂打战鼓可是士兵都不进攻。赵简子丢掉鼓槌说:"唉!我的士兵这么快就疲惫了。"外交官烛过脱掉甲胄说:"我听闻:只有君主不能使用士兵而已,而没有疲惫的士兵。过去我们先王晋献公兼并的国家有十七个,征服的国家有三十八个,打仗取得的胜利有十二次,就是用了这些战士。献公过世后,惠公即位,他荒淫放纵、暴虐昏乱,自己喜爱美女,秦国人恣意地侵犯我国,秦军离绛县只剩下十七里,也是用了这些战士。惠公过世以后,文公即位,他围困卫国、攻打邺城,在城濮的战役中,五次打败楚国人,在天下获得了尊显的名声,也是用了这些战士。只有君主不能使用士兵而已,却没有疲惫的士兵。"赵简子因此就去掉了大小的盾牌,站在箭和石头能攻打到的地方,擂打战鼓而士兵登上了城墙,战争获得了重大的胜利。赵简子说:"我与其获得一千辆坚固的战车,还不如听到外交官烛过的一番话啊。"

或曰:行人未有以说也,乃道惠公以此人是败,文公以此人是霸,未见所以用人也;简子未可以速去楯、櫓也。严亲在围,轻犯矢石,孝子之所爱亲也。孝子爱亲,百数之一也。今以为身处危而人尚可战,是以百族之子于上皆若孝子之爱亲也,是行人之诬也。好利恶害,夫人之所有也。赏厚而信,人轻敌矣;刑重而必,人不北矣。长①行徇②上,数百不一人;喜利畏罪,人莫不然。将众者不出乎莫不然之数,而道③乎百无一人之行,行人未知用众之道也。

【注释】

①长:好。

②徇:通"殉",死。

③道:由。

【译文】

有的人说:外交官并未拿什么来做说明,只是说晋惠公调遣这些士兵就失败,晋文公调遣这些士兵就称霸,并未说明他们调遣这些人的方法;赵简子不应该丢掉盾牌啊。父母亲处在包围圈中,儿子就忽视身体,冒着箭和石头去营救,这是由于孝子爱父母啊。孝子爱父母的,一百个人里面不过一个。如今认为君主自身立于危险之地,士兵便会努力作战,这是以为成百上千个家庭的儿子对君主都如同孝子爱父母一样,这是行人在胡说八道。喜爱利益,厌恶祸害,这是人们共通的本性。奖励丰厚而诚信,人们便会轻视敌人;刑罚严重而坚定,人们便不会战败了。有美好的品行肯为君主献身的,数百人里也没有一个;喜欢利益害怕罪责,没一个人不是这样的。统率士兵的人,不使用令人不得不这样做的方法,却去依赖一百个人里也没人能达到的美好品行,可见外交官还是不明白调遣士兵的方法啊。

难势

慎子曰:"飞龙乘云,腾蛇①游雾,云罢雾霁,而龙蛇与蚓蚁同矣,则失其所乘也。贤人而诎于不肖者,则权轻位卑也;不肖而能服于贤者,则权重位尊也。尧为匹夫不能治三人,而桀为天子能乱天下,吾以此知势位之足恃,而贤智之不足慕也。夫弩弱而矢高者,激于风也;身不肖而令行者,得助于众也。尧教于隶属而民不听,至于南面而王天下,令则行,禁则止。由此观之,贤智未足以服众,而势位足以诎贤者也。"

【注释】

①腾蛇:上古传说中的神蛇。

【译文】

慎子说:"飞龙驾着云,腾蛇驾着雾,云消雾散以后,龙蛇就跟蚯蚓、蚂蚁一样了,这是由于失去了所凭借的东西啊。贤能的人屈居于不贤能的人之下,是由于权利轻而地位卑下;不贤能的人可以制服贤能的人,是由于权利重而地位尊贵。尧是普通百姓的时候连三个人都不能管理,桀是天子的时候便能够扰乱天下,我于是知道了权势地位是能够凭借的,但贤能和智慧是不值得钦羡的。弓弩劲力弱但是箭射得高,是被风力激荡的原因;自身不贤能但是命令能推行,是由于得到了民众的帮助。尧用普通百姓身份教导百姓,百姓不听从;等到他南面称王时,命令就能够推行,禁令就能够制止。以此看来,贤能和智慧不足以制伏百姓,但是权势和地位足以让贤能的人屈服。"

应慎子曰:飞龙乘云,腾蛇游雾,吾不以龙蛇为不托于云雾之势也。虽然,夫释贤而专任势,足以为治乎?则吾未得见也。夫有云雾之势,而能乘游之者,龙蛇之材美也。今云盛而蚓弗能乘也,雾酞①而蚁不能游也,夫有盛云酞雾之势而不能乘游者,蚓蚁之材薄也。今桀、纣南面而王天下,以天子之威为之云雾,而天下不免乎大乱者,桀、纣之材薄也。且其人以尧之势以治天下也,其势何以异桀之势也,乱天下者也。夫势者,非能必使贤者用已②,而不肖者不用已。贤者用之则天下治,不肖者用之则天下乱。人之情性,贤者寡而不肖者众,而③以威势之利济乱世之不肖人,则是以势乱天下者多矣,以势治天下者寡矣。夫势者,便治而利乱者也。故《周书》曰:"毋为虎傅④翼,将飞入邑,择人而食之。"夫乘不肖人于势,是为虎傅翼也。桀、纣为高台深池以尽民力,为炮烙以伤民性。桀、纣得乘四行者,南面之威为之翼也。使桀、纣为匹夫,未始行一而身在刑戮矣。势者,养虎狼之心,而成暴乱之事者也,此天下之大患也。势之于治乱,本末⑤有位也,而语专言势之足以治天下者,则其智之所至者浅矣。夫良马固车,使臧获⑥御之则为人笑,王良御之而日取千里。车马非异也,或至乎千里,或为人笑,则巧拙相去远矣。今以国位为车,以势为马,以号令为辔,以刑罚为鞭策,使尧、舜御之则天下治,桀、纣御之则天下乱,则贤不肖相去远矣。夫欲追速致远,不知任王良;欲进利除害,不知任贤能:此则不知类之患也。夫尧、舜亦治民之王良也。

【注释】

①酞:通"浓",大。

②已:应为"之",这里指权势。

③而:假如,如果。

④傅:通"附",附着,依附。

⑤末:应为"未"。

⑥臧获:指奴隶。

【译文】

　　有人责难慎子说：飞龙驾着云，腾蛇驾着雾，我不否认龙蛇是借着云雾的力量。即使如此，抛开贤能却专一地任用权势，足够治理好国家吗？这样的情况我没见过。拥有云雾的势力，就能借助它去遨游的，是由于龙蛇资质好。如今云很浓，但是蚯蚓却不能乘云飞翔，雾非常浓，蚂蚁也不能借助雾遨游，有了浓密的云雾但是不能借以遨游，是由于蚯蚓蚂蚁的才能浅薄。如今桀、纣这样的暴君南面统治天下，将天子的威势当作云雾，可是天下却不免于大的混乱，这是由于桀、纣本身才能浅薄。何况慎子认为尧是用权势来统治天下，尧的权势跟桀的权势有什么不一样呢？桀的权势是搅乱天下的啊！权势，不一定让贤能的人运用它，不贤能的人不运用它。贤能的人运用它，天下便安定；不贤能的人运用它，天下便混乱。人的性情，贤能的人少但是不贤能的人多，假如用威力权势的便利来帮助乱世中不贤能的人，那便是用权势搅乱天下的人多，而运用权势治理天下的人少了。权势是既能够治理也能够混乱的东西。因此《周书》上说："不要给老虎添上翅膀，不然它将飞入城中，抓住人来吃。"让不贤能的人借助权势，就是给老虎添上了翅膀。桀、纣建筑高台、挖掘深池，耗完了人民的力量，发明炮烙的刑法，伤害了百姓的天性。桀、纣可以做成这样肆无忌惮的事情，是将君主的威势当成了翅膀。假如桀、纣只是普通人，还没有干一件这样的坏事，身体就要遭到刑法的惩处了。权势是养成虎狼般凶恶的心并促成暴乱的东西，这是天下的大隐患。权势对于天下的安定和混乱，原本没有确定的关系，但慎子的言论专讲权势能够治理天下，那么他的智慧所能达到的程度也是非常浅的了。优良的马、坚固的车，可是让臧获去驾驭，那么就遭到笑话，让王良这样的驾车能手去驾驶它，就能日行千里。车和马并没有不同，有的日行千里，有的被人取笑，是由于技巧和笨拙相差得太远。如今将君主之位比作车，将权势比作马，将命令当作缰绳，将刑罚当作马鞭子。令尧、舜去驾驭它，天下就可以安定；让桀、纣去驾驭它，天下便会混乱。这是由于贤能和不贤能相距得太远了。想要追赶飞速行驶的马车，到达远方，但是不知道任用王良；想要追逐利益、去除祸害，但是不知道任用贤能:这便是不晓得类比的祸患。那尧、舜,便是治理人民的王良啊!

复应之①曰:其人以势为足恃以治官;客曰"必待贤乃治",则不然矣。夫势者,名一而变无数者也。势必于自然,则无为言于势矣。吾所为言势者,言人之所设也。今曰"尧、舜得势而治,桀、纣得势而乱",吾非以尧、桀为不然也。虽然,非一人之所得设也。夫尧、舜生而在上位,虽有十桀、纣不能乱者,则势治也;桀、纣亦生而在上位,虽有十尧、舜而亦不能治者,则势乱也。故曰:"势治者,则不可乱;而势乱者,则不可治也。"此自然之势也,非人之所得设也。若吾所言,谓人之所得势也而已矣,贤何事焉?何以明其然也?客曰:"人有鬻矛与楯②者,誉其楯之坚,物莫能陷也,俄而又誉其矛曰:'吾矛之利,物无不陷也。'人应之曰:'以子之矛陷子之楯何如?'其人弗能应也。"以为不可陷之楯,与无不陷之矛,为名③不可两立也。夫贤之为势不可禁,而势之为道也无不禁,以不可禁之势④,此矛楯之说也。夫贤势之不相容亦明矣。且夫尧、舜、桀、纣千世而一出,是比肩随踵而生也。世之治者不绝于中,吾所以为言势者,中也。中者,上不及尧、舜,而下亦不为桀、纣。抱法处势则治,背法去势则乱。今废势背法而待尧、舜,尧、舜至乃治,是千世乱而一治也;抱法处势而待桀、纣,桀、纣至乃乱,是千世治而一乱也。且夫治千而乱一,与治一而乱千也,是犹乘骥、駬⑤而分驰也,相去亦远矣。夫弃隐栝⑥之法,去度量之数,使奚仲为车,不能成一轮。无庆赏之劝,刑罚之威,释势委法,尧、舜户说而人辩之,不能治三家。夫势之足用亦明矣,而曰"必待贤"则亦不然矣。且夫百日不食以待粱肉,饿者不活;今待尧、舜之贤乃治当世之民,是犹待粱肉而救饿之说也。夫曰:"良马固车,臧获御之则为人笑,王良御之则日取乎千里。"吾不以为然。夫待越人之善海游者以救中国之溺人,越人善游矣,而溺者不济矣。夫待古之王良以驭今之马,亦犹越人救溺之说也,不可亦明矣。夫良马固车,五十里而一置⑦,使中手御之,追速致远,可以及也,而千里可日致也,何必待古之王良乎!且御,非使王良也,则必使臧获败之;治,非使尧、舜也,则必使桀、纣乱之。此味非饴蜜也,必苦莱亭历⑧也。此则积辩累辞,离理失术,两末之议也,奚可以难?失道理之言乎哉!客议未及此论也。

【注释】

①复应之:之,指代上文反驳慎子的人,也即是下文的"客"。
②楯:通"盾"。
③名:逻辑,概念。
④以不可禁之势:应是"以不可禁之贤,处无不禁之势"。
⑤骅:千里马的名字。
⑥隐栝:即校正木器的工具。
⑦置:驿站。
⑧苦莱亭历:莱,就是"藜"。亭历,就是"葶苈"。都是野菜。

【译文】

又有一人回应这个反驳慎子的人说道:慎子以为权势足以用来当作治理国家的凭借;反驳他的人说"必定要有贤人才能治理好",那就错了。权势这种东西,只有一个名称可是有无数的变化。权势肯定产生于自然,那就没必要再讨论权势了。我如今所讨论的权势,乃是讨论人们所设置的权势。如今说:"尧、舜获得了权势,天下便安定,桀、纣获得了权势,天下便混乱。"我并非认为尧、桀不是这样。就算如此,权势也并非一个人设立的。假如尧、舜生来就是君主,即便有十个桀、纣也不会作乱,那便是势必安定;假如桀、纣也生来就是君主,即便有十个尧、舜也不会治理好,那就是肯定混乱。因此说:"势必安定的就不会被扰乱,势必混乱就不会治理好。"这乃是自然的形势,并非人力所能设立的。如同我所说的,这是人设立的权势而已,贤能的人能起到什么作用呢?怎样来说明它呢?某人讲了一个故事,说:"有个售卖矛和盾的人,称赞他的盾的坚固,没有东西可以攻破它,后来又称赞他的矛说:'我的矛非常锋利,没有什么不可以刺破的。'有人问道:'用你的矛,攻击你的盾,会怎么样呢?'他就答不上来了。"他以为不能被攻破的盾和没什么不可以刺破的矛,在逻辑上是不可以同时成立的。贤能是权势不能禁止的,但是权势作为一种统治方法,没什么是不能禁止的,用不可以被权势禁止的贤能,居于无所不能禁止的权势中,这也是一个矛盾的说法啊。贤能和权势不可以同时并存,也是非常明白的了。何况像尧、舜、桀、纣这样的人,一千代才出现一个,即便是连续出现了,世上的统治者不断产生于中等人之中。我要讨论权势的原因,也是针对中等才能的君主。中等才能的君主,上不如尧、舜,下也不可能成为桀、纣。遵循法度、掌控权势,天下便安定;违背法度、丢弃权势,天下便混乱。如今丢弃权势、违背法度而等待尧、舜这样的贤人,出现了尧、舜才能天下安定,这就会形成千代的混乱而一代安定;遵循法度、掌控权势而等待桀、纣这样的暴君,出现了桀、纣就会天下混乱,这就会形成千代的安定而一代混乱。何况千代安定一代混乱,跟一代安定千代混乱,就好比骑着千里马却背道而驰,相差得就太远了。放弃了校正木器的方法,除去了测量的依据,就算让奚仲那样的巧匠来做车,也不可能做成一个车轮。没有赏赐的鼓励、刑法的威势,丢弃了权势、违背了法律,使尧、舜一家一家去游说、一个人一个人去辩解,就是三家也治理不了。权势值得借助已经很明白了,但说"一定要等待贤人",那就错了。何况一百天都不吃东西去等待大米肉食,饥饿的人就不会活了;如今等待尧、舜的贤能治理当代的人民,这就如同等待米饭肉食去救济饥饿的人一样啊。那个人说:"优良的马、坚固的车,臧获驾驶它,就遭到取笑;王良驾驶它,就可以日行千里。"但我不这样认为。等待越国擅长游泳的人来拯救中原溺水的人,越国人是擅长游泳的,但是溺水的人却不能得救了。等待古代王良那样的车夫来驾驶现在的马,也如同让越国人拯救溺水的人一样,这明显是行不通的。那优良的马和坚固的车,五十里一个驿站做接力,令中等的车夫驾驶它,追赶飞速行驶的车马、到达远方,也是能做到的;一千里的距离也能一天到达,为何等待古代王良那样的车夫呢!何况说到驾车,不用王良这样的能人,就一定要用臧获让它失败;说到治理国家,不用尧、舜这样贤明的君主,就一定要用桀、纣这样的暴君去扰乱它。这就如同品尝滋味，不是如饴糖蜂蜜那般甜，就是如苦藜、葶苈那般苦。这是堆砌辞藻、累积辩词，违背事理、失去方法、走向两个极端的说法，怎么能用来非议？这是不讲道理的言辞！那个人的议论还未说到这一点啊！

五蠹①

上古之世,人民少而禽兽众,人民不胜禽兽虫蛇。有圣人作,构木为巢以避群害,而民悦之,使王天下,号曰有巢氏。民食果蓏蜯蛤②,腥臊恶臭而伤害腹胃,民多疾病。有圣人作,钻燧③取火以化腥臊,而民说之,使王天下,号之曰燧人氏。中古之世,天下大水,而鲧、禹决渎④。近古之世,桀、纣暴乱,而汤、武征伐。今有构木钻燧于夏后氏之世者,必为鲧、禹笑矣。有决渎于殷、周之世者,必为汤、武笑矣。然则今有美尧、舜、汤、武、禹之道于当今之世者,必为新圣笑矣。是以圣人不期修⑤古,不法常可⑥,论世之事,因为之备。宋人有耕田者,田中有株,兔走触株,折颈而死,因释其耒⑦而守株,冀复得兔,兔不可复得,而身为宋国笑。今欲以先王之政,治当世之民,皆守株之类也。

【注释】

①蠹(dù):蛀虫。这里比喻五种对国家有危害的人。

②果蓏(luǒ)蜯(bàng)蛤:蓏,一种草本植物的果实。蜯,通"蚌"。

③燧:钻木取火所用的木头。

④渎(dú):大河。

⑤修:治。

⑥常可:长久适用的规则。

⑦耒(lěi):一种古代耕地用的工具。

【译文】

在上古的时候,人口很少而禽兽很多,人民无法忍受禽兽虫蛇的侵扰。因此有圣人出现,用树木筑巢来抵御来自禽兽的危害,于是人们都很高兴,就让他来统治天下,并称他为有巢氏。人们吃生的果实和蚌蛤,食物腥臊难闻伤害肠胃,人们多生疾病。这时有圣人出现,钻木取火来把食物烤熟去掉生食物的腥臊气味,人们很高兴,就让他来统治天下,并称他为燧人氏。到了中古的时候,天下洪水泛滥,鲧和禹负责疏通河道。到了近古的时候,桀、纣暴虐无道,于是汤、武去讨伐他们。假如有人在夏朝还用树木筑巢、钻木取火,一定要被鲧、禹取笑。假如有人在殷、周时代还要疏导河道,一定要被汤、武取笑。那么,假如有人在当今的时代还要赞美尧、舜、汤、武、禹的治理方法,一定要被新的圣人取笑。因此圣人不要求效法远古的人,不去效法永久不变的规则,而是讨论当时的社会的具体情况,从而制定出相应的措施。宋国有个种田的人,他的田中有个树桩,一只兔子在奔跑的时候撞上,因断了脖子死去,于是他就放下农具守在树桩旁边,希望再等到其他兔子,不可能再得到其他兔子,他自己却被宋国人所耻笑。现在想要用先王的统治方法来治理人民的,和这个守株待兔的农夫是同一类人。

古者丈夫[①]不耕,草木之实足食也;妇人不织,禽兽之皮足衣也。不事力而养足,人民少而财有余,故民不争。是以厚赏不行,重罚不用,而民自治。今人有五子不为多,子又有五子,大父[②]未死而有二十五孙。是以人民众而货财寡,事力劳而供养薄,故民争,虽倍赏累罚而不免于乱。

【注释】

①丈夫:男人,男子。

②大父:祖父。

【译文】

古代的男人不耕地,草木的果实就足够吃;女人也不纺织,禽兽的皮毛就足够穿。不必花费力气就有足够的东西用,人口少而财物有剩余,因此人民不会争夺。所以不需要丰厚的奖赏,也不用施行严酷的刑罚,人民生活自然安定。现在的人有五个儿子也不算多,每个儿子也各有五个儿子,祖父还没有离世就有了二十五个孙子。所以人民多而财物少,辛苦费力劳作可是供养微薄,因此人民才会争夺,即便是加倍的奖赏和刑罚也无法避免社会的混乱。

尧之王天下也,茅茨①不翦,采椽②不斫,粝粢③之食,藜藿④之羹,冬日麑裘,夏日葛衣;虽监门⑤之服养不亏于此矣。禹之王天下也,身执耒臿⑥,以为民先,股无胈,胫不生毛,虽臣虏之劳不苦于此矣。以是言之,夫古之让天子者,是去监门之养而离臣虏之劳也,故传天下而不足多也。今之县令,一日身死,子孙累世絜驾⑦,故人重之。是以人之于让也,轻辞古之天子,难去今之县令者,薄厚之实异也。夫山居而谷汲者,膢腊⑧而相遗以水;泽居苦水者,买庸而决窦⑨。故饥岁之春,幼弟不饟;穰岁之秋,疏客必食。非疏骨肉,爱过客也,多少之实异也。是以古之易财,非仁也,财多也;今之争夺,非鄙也,财寡也。轻辞天子,非高也,势薄也;争土橐⑩,非下也,权重也。故圣人议多少、论薄厚为之政。故罚薄不为慈,诛严不为戾,称俗而行也。故事因于世,而备适于事。

【注释】

①茅茨:以茅草覆盖的房屋屋顶。

②采椽:采,栎树;椽,房子上承担瓦的木条。

③粝粢:粝,糙米、粗米;粢,稻饼。

④藜藿:藜,可以吃的草;藿,豆叶。

⑤监门:看门的人。

⑥耒臿:耒,一种耕地的工具;臿,一种筑墙的工具。

⑦絜驾:乘车、坐车。

⑧膢(lóu)腊:膢是二月,腊是腊月,这里指祭祀神灵的节日。

⑨窦:水渠、水沟。

⑩土橐:土,即"士",通"仕"。橐,通"托",此处请托于权贵。

【译文】

在尧统治天下的时候,茅草做的屋顶不加修剪,栎木的椽子也不雕饰,人们吃粗粮,喝野菜汤,冬天穿麂皮做的衣服,夏天则穿着粗布的衣服:即便是看门人吃的穿的,也不会比这个差了。当禹统治天下的时候,他手执农具,亲自带领百姓干活;大腿上没有肌肉,小腿上的汗毛都被磨光了;即便是奴隶的辛劳,也不会比这更辛苦了。由此来看,古代让出君主地位的人,是摆脱了监门供养和奴隶的辛劳的人,于是让出了天下也不值得赞扬。当今的县令,一旦去世,子孙几代人都有车子乘坐,因此人们都很看重。所以人们对于辞让,轻易地辞去了古代的君王之位,却难以抛弃现在的县令,利益的多少是大不一样的。那些现在住在山上而到山谷里提水的人,在祭祀神灵时,彼此以水作为馈赠;而那些住在低洼地区的人,苦于水患,还要雇人来疏通水道。因此荒年的春天,年幼的孩子也没有饭吃;粮食丰收的秋天,即便是远客也要招待。这并不是疏离自己的骨肉,喜欢远方的过客,而是因为收成的多少不同。所以古人轻视财物,并不是因为仁爱慈善,而是因为财物很多;现在人争抢财物,并不是内心贪婪,而是因为财物太少。轻易地辞去天子的职务,不是品德高尚,而是因为权势太微薄;重视向权贵请礼,并不是卑贱低下,而是他权势很重。因此圣人应该根据财产的多少和权势的轻重来施政。因此刑罚轻不能算是仁慈,处罚重也不能算是暴戾,这只是适应民风而行事罢了。因此要做的事应取决于时世,而应对的方法也要适应于具体的情况。

古者文王处丰、镐之间,地方百里,行仁义而怀①西戎,遂王天下。徐偃王处汉东,地方五百里,行仁义,割地而朝者三十有六国;荆文王恐其害己也,举兵伐徐,遂灭之。故文王行仁义而王天下,偃王行仁义而丧其国,是仁义用于古不用于今也。故曰:世异则事异。当舜之时,有苗②不服,禹将伐之,舜曰:"不可。上③德不厚而行武,非道也。"乃修教三年,执干戚④舞,有苗乃服。共工之战,铁铦⑤短者及乎敌,铠甲不坚者伤乎体。是干戚用于古不用于今也。

故曰:事异则备变。上古竞于道德,中世逐于智谋,当今争于气力。齐将攻鲁,鲁使子贡⑥说之,齐人曰:"子言非不辩也,吾所欲者土地也,非斯言所谓也。"遂举兵伐鲁,去门十里以为界。故偃王仁义而徐亡,子贡辩智而鲁削。以是言之,夫仁义辩智非所以持国也。去偃王之仁,息子贡之智,循徐、鲁之力使敌万乘⑦,则齐、荆之欲不得行于二国矣。

【注释】

①怀:使归附。

②有苗:古代南方的少数民族。

③上:通"尚",尊崇、崇尚。

④干戚:干,盾牌;戚,斧。

⑤铣(xiān):外形类似标枪的武器。

⑥子贡:孔子的弟子。

⑦万乘:一万辆兵车,这里指大国。

【译文】

古时候周文王处于丰、镐两地之间,不过方圆百里,由于推行仁义,使得西边的少数民族来归附,因此统治了天下。徐偃王住在汉水的东面,方圆五百里,施行仁政,向他献出土地朝见的有三十六个国家。楚文王怕他危及自己,便起兵攻打徐国,将他消灭了。因此周文王施行仁政而统治天下,徐偃王施行仁政却招致亡国,这说明仁义仅适用古代而不适用于现在。所以说:时世改变,事情也就不一样了。在舜统治的时候,有南方的少数民族苗不愿臣服,禹准备去讨伐它,舜说:"不可以。崇尚道德还做得不够就推行武力,这不是道。"于是用了三年的时间修治教化,手拿盾牌大斧跳舞,有苗后来就归顺了。共工在作战时,兵器短的被敌人刺到自己,铠甲不够坚固的伤到自己的身体,这说明持盾牌和大斧跳舞,靠道德教化人只适用于古代,而不适用于当下。所以说:情况发生了变化,应对的措施也要跟着变化。上古时在道德上争取取胜,中世时在智谋上互相角逐,当今在力量上彼此竞争。齐国即将要进攻鲁国,鲁国派子贡前去游说。齐国人说:"你的话并不是没有道理,可是我想得到的是土地,不是你所说的道理。"因此就起兵攻打鲁国,直到在距离鲁国都门十里的地方划定了边界。因此说偃王施行仁政而徐国灭亡了,子贡机敏善辩而鲁国的国土削减了。由此来看,施行仁政和机智善辩,都不是用来治理国家的方略。抛弃偃王的仁义,除去子贡的机智,依靠徐国、鲁国自己的力量来抵抗敌人的军队,这样齐、楚两国的企图就不可能在徐、鲁两国得逞了。

夫古今异俗,新故异备。如欲以宽缓之政、治急世之民,犹无辔策而御悍马,此不知①之患也。今儒、墨皆称先王兼爱天下,则视民如父母。何以明其然也?曰:"司寇②行刑,君为之不举乐;闻死刑之报,君为流涕。"此所举先王也。夫以君臣为如父子则必治,推是言之,是无乱父子也。人之情性,莫先于父母,皆见爱而未必治也,虽厚爱矣,奚③遽④不乱?今先王之爱民,不过父母之爱子,子未必不乱也,则民奚遽治哉?且夫以法行刑,而君为之流涕,此以效⑤仁,非以为治也。夫垂泣不欲刑者,仁也;然而不可不刑者,法也。先王胜其法,不听其泣,则仁之不可以为治亦明矣。

【注释】

①知:通"智",聪明、明智。

②司寇:古代掌管刑狱的官员。

③奚:何。

④遽(jù):就。

⑤效:表现,表示。

【译文】

古今社会的风俗不一样,新旧的措施也不相同。假如想用宽厚和缓的政策来治理急剧变化时代中的人民,就如同没有笼头和马鞭,却想驯服一匹烈马一样,这都是不明智所带来的祸患。当今儒家和墨家都称赞先王兼爱天下,对待百姓就像父母对待自己的子女。怎样来证明真的是这样呢?他们就说:"在司寇行刑的时候,君主为他停止奏乐;听到执行死刑的报告后,君主为他流泪。"这就是他们所列举的先王。假如认为君臣能像父子一样就必然能治理,由此相推可以说,天下没有关系不和睦的父子。人类的本性,没有比父母表现更深的了,表现出对子女的爱,家庭也不一定和睦,即便是加倍宠爱,怎么证明先王如此呢?现在先王爱他的百姓,不会超过父母爱自己的孩子,孩子既然会忤逆不孝,那么人民为何就一定会治理得好呢?何况依照法律来行刑,而国君为他流泪,这就是在显示仁爱,并不是治国的方法。国君哭泣着不愿行刑,这是因为仁爱;可是又不能不行刑,这是法律的规定。先王遵守法令,却不听任自己的感情,那么不能用仁义来治国的道理也是显而易见的了。

且民者固服于势,寡能怀于义。仲尼,天下圣人也,修行明道,以游海内,海内说①其仁、美其义而为服役者七十人。盖贵仁者寡,能义者难也。故以天下之大,而为服役者七十人,而仁义者一人。鲁哀公,下主也,南面君②国,境内之民莫敢不臣。民者固服于势,势诚易以服人,故仲尼反为臣而哀公顾③为君。仲尼非怀其义,服其势也。故以义,则仲尼不服于哀公;乘势,则哀公臣仲尼。今学者之说人主也,不乘必胜之势而务行仁义,则可以王。是求人主之必及仲尼,而以世之凡民皆如列徒④,此必不得之数⑤也。

【注释】

①说:通"悦",喜欢。

②君:统治。

③顾:反而,反倒。

④列徒:此处指孔子的门徒。

⑤数:理论道理。

【译文】

何况人民本来就屈服于权势,很少被仁义感化。孔子是天下的圣人,他修养身心,宣扬大道,周游列国;天下人都喜欢他的仁义、欣赏他的学说而为他奔走效劳的有七十人。由于看重仁义的人少,而能够实行仁义的人很难得。因此天下这么大,替他奔走效劳的也只有七十个人,而躬行仁义的仅有孔子一个人而已。鲁哀公是个不高明的君主,他面向南方而坐统治国家,境内的人民没有敢不服从的。人们本来就屈服于权势,权势的确容易制伏人民,因此孔子这样的圣人反而做了臣子,而鲁哀公这样不高明的人反而成了君主。孔子不是被鲁哀公的仁义感化了,而是屈服于他的权威。因此就仁义而言,孔子是不会屈服于鲁哀公的;凭借权势,那么鲁哀公可以让孔子臣服。现在读书人去游说君主,不依靠必胜的权势,而是致力于宣扬实行仁义,才能统治天下;这是要求君主务必要比得上孔子,而要求天下的百姓都像孔子的门徒一样,这肯定是行不通的。

今有不才之子,父母怒之弗为改,乡人谯①之弗为动,师长教之弗为变。夫以父母之爱,乡人之行,师长之智,三美加焉,而终不动,其胫毛不改。州部之吏,操官兵,推公法,而求索奸人,然后恐惧,变其节,易其行矣。故父母之爱不足以教子,必待州部之严刑者,民固骄于爱、听于威矣。故十仞②之城,楼季③弗能逾者,峭也;千仞之山,跛牂④易牧者,夷也。故明王峭其法而严其刑也。布帛寻常⑤,庸人不释;铄金百溢⑥,盗跖不掇。不必害,则不释寻常;必害手,则不掇百溢。故明主必其诛也。是以赏莫如厚而信,使民利之;罚莫如重而必,使民畏之;法莫如一而固,使民知之。故主施赏不迁⑦,行诛无赦。誉辅其赏,毁随其罚,则贤不肖俱尽其力矣。

【注释】

①谯(qiào):通"诮",训斥,责备。
②仞:古代长度单位,七尺为一仞。
③楼季:魏文侯的弟弟,擅长跳跃。
④牂(zāng):母羊。
⑤寻常:古代长度单位,八尺为一寻,十六尺为一常。

⑥溢:通"镒",古代重量单位,二十四两为一镒。

⑦迁:改变,变化。

【译文】

现在有不成材的孩子,父母对他生气发怒,他也不改正;乡里人斥责他,他也不会被触动;师长们教育他,他也丝毫不改变。父母的慈爱、乡里的帮助、师长的智慧这三种美德加在一起,他却一直无动于衷,丝毫不改邪归正;州里的官吏,手拿着公家的兵器,施行法令,捉拿犯罪的人,然后他才感到恐惧,改变自己的行为。因此父母的慈爱不足以教育孩子,必须要依靠官吏执行严酷的刑罚,这是因为人们本来就因爱而骄纵,因威严而顺从。所以高达十仞的城墙,楼季也无法越过,这是由于它陡峭;高千仞的山峰,跛腿的母羊也能轻易地登上,这是由于它平缓。因此圣明的君主制定严格的法律和严酷的刑罚。十多尺的布帛,普通人也会爱不释手;熔化了的百镒黄金,盗跖也不敢拿取。不一定是受到伤害,就连十几尺的布帛也不肯丢掉;肯定会伤害到手时,就是百镒黄金也不敢拿取。因此圣明君主一定要坚决执行处罚。所以奖赏不如丰厚而守信,使人民觉得获得了利益;惩罚不如严重而坚决,使人民感到害怕;法律不如统一而固定,使人民知道它。因此君主施行奖赏不能改变,施行惩罚也不能任意赦免。用赞赏来辅助奖赏,让坏声名来伴随惩罚,那么贤德的人和没才能的人都可以尽力了。

今则不然,以其有功也,爵之,而卑其士官也;以其耕作也,赏之,而少其家业也;以其不收也,外①之,而高其轻世也;以其犯禁也,罪之,而多其有勇也。毁誉赏罚之所加者,相与悖缪②也,故法禁坏而民愈乱。今兄弟被侵必攻者,廉也;知友被辱随仇者,贞也。廉贞之行成,而君上之法犯矣。人主尊贞廉之行,而忘犯禁之罪,故民程③于勇,而吏不能胜也。不事力而衣食,则谓之能;不战功而尊,则谓之贤。贤能之行成,而兵弱而地荒矣。人主说④贤能之行,而忘兵弱地荒之祸,则私行立而公利灭矣。

【注释】

①外:远处,疏远。

②缪:通"谬",错误。

③程:此处为衡量的意思。

④说:通"悦",喜欢。

【译文】

现在就不是这样,由于有功劳就授爵位,却鄙视他做官;因为他从事耕作就奖赏他,却鄙视他的家业;由于他不被国君录用而疏远他,却推崇他不慕世俗名利;因为他违犯禁令给他定罪,却称赞他的勇力。当责备与赞扬、奖赏和惩罚施加的时候,是彼此矛盾的,因此法律禁令被破坏而人民更加混乱。现在如果兄弟被人侵犯,一定要还击的人,这就被认为是正直的;自己的朋友被人侮辱,随即就要报仇,这就被认为忠贞。正直和忠贞的品行树立起来,君主的法令就被冒犯了。君主推崇贞廉的品行,却忘掉了违反禁令的罪名,因此人民显示自己的勇猛,官吏也无法管理他们。不付出劳动就能获得衣食,就叫作本事;没有军功就能获得尊崇的地位,就叫作才能。这种本事和才能养成,于是军队就被削弱,田地荒芜了。君主赞赏这种本事和才能,却忘记了兵弱地荒的祸患,那么谋私利的品行树立起来而公众的利益就被磨灭。

儒以文乱法,侠以武犯禁,而人主兼礼之,此所以乱也。夫离①法者罪,而诸先生以文学取;犯禁者诛,而群侠以私剑养。故法之所非,君之所取;吏之所诛,上之所养也。法、趣②、上、下,四相反也,而无所定,虽有十黄帝,不能治也。故行仁义者非所誉,誉之则害功③;工文学者非所用,用之则乱法。楚之有直躬,其父窃羊,而谒④之吏,令尹曰:"杀之!"以为直于君而曲于父,报而罪之。以是观之,夫君之直臣,父之暴子也。鲁人从君战,三战三北⑤,仲尼问其故,对曰:"吾有老父,身死莫之养也。"仲尼以为孝,举而上之。以是观之,夫父之孝子,君之背臣也。故令尹诛而楚奸不上闻,仲尼赏而鲁民易降北。上下之利若是其异也,而人主兼举匹夫之行,而求致社稷之福,必不几矣。

【注释】

①离:通"罹",遭遇。

②趣:通"取",即"君之所取"。

③功:耕田和打仗。

④谒:告。

⑤北:失败、败走。

【译文】

儒家利用文献扰乱法纪,游侠借助武力违犯禁令,而君主却都以礼相待,这就是国家混乱的原因。犯法的本来该判罪,而那些儒生却靠着文章学说得到任用;犯禁的本来应该处罚,而那些游侠却靠着充当刺客得到豢养。因此,法令反对的,成了君主所重用的;官吏所处罚的,成了君主豢养的。法令反对和君主重用的,官吏处罚和君主豢养的,四者相互矛盾,而没有准确的标准,即便有十个黄帝,也不能治理好天下。因此对实行仁义的人不应当加以称赞,假如称赞了,就会妨害耕种的功业;对于从事文学的人不应该加以任用,如果任用了他们,就会破坏功业。楚国有个名叫直躬的人,他的父亲偷了别人家的羊,他便去令尹那儿告发,令尹说:"杀了他!"认为他虽然对君主正直却对父亲不孝,结果被判了死罪。由此来看,君主的忠臣变成了父亲的逆子。鲁国有个人跟随君主出去打仗,屡次作战屡次逃跑。孔子询问其中的原因,他说:"家中有老父亲,我如果死了没人养活他。"孔子认为这是孝行,便推举他去做官。由此来看.对父亲孝顺的孩子恰恰是君主的叛臣。因此令尹杀了直躬,楚国的坏人坏事就不会有人向上告发;孔子奖励逃兵,鲁国人作战就会轻易投降逃跑。君臣之间的利害得失是如此不一致,而君主却既赞成谋求私利的行为,又想求得国家的繁荣富强,一定不能达到。

古者苍颉①之作书也,自环者谓之私,背私谓之公。公私之相背也,乃苍颉固已知之矣。今以为同利者,不察之患也。然则为匹夫计者,莫如修仁义而习文学。仁义修则见信,见信则受事②;文学习则为明师,为明师则显荣。此匹夫之美也。然则无功而受事,无爵而显荣,为有政如此,则国必乱,主必危矣。故不相容之事,不两立也。斩敌者受赏,而高慈惠之行;拔城者受爵禄,而信廉爱③之说;坚甲厉兵以备难,而美荐绅④之饰;富国以农,距⑤敌恃卒,而贵文学之士;废敬上畏法之民,而养游侠私剑之属。举行如此,治强不可得也。国平养儒侠,难至用介士⑥,所利非所用,所用非所利。是故服事者简其业,而游学者日众,是世之所以乱也。

【注释】

①颉(jié):黄帝的史官,相传文字由他创造。
②受事:当官。
③廉爱:即兼爱。
④荐绅:即插笏于衣带,为儒者的装扮。荐,通"搢",插。绅,大带。
⑤距:通"拒",抵抗,抗拒。
⑥介士:甲士。

【译文】

古代时候,苍颉创造了文字,把围着自己绕圈的叫作"私",与"私"相反的叫作"公"。公和私恰好相反的道理,是苍颉就知道的。现在还有人认为公和私利益相同,这是没有明察所犯的错误。那么为个人利益打算的话,没有什么比修行仁义和学习学术更好了。修行仁义就会受到君主的信任,受到君主信任就可以得到官职;学习学术就可以做高明的老师,成了高明的老师就会显赫荣耀;对单个人来说,这是最美好的事了。可是没有功劳的就能做官,没有爵位就能显赫荣耀,有了这样的制度,国家就必定要混乱,君主必定会危险。因此,互不相容的事情是无法并存的。杀敌有功劳的人受赏,却又崇尚仁爱慈善的行为;给攻下敌人城池的人授予爵禄,却又信奉兼爱的说法;利用坚固的铠甲、锋利的兵器来防御战乱,却又提倡穿着儒者的服饰;国家富足要靠农民,抵抗敌人要靠士兵,却又重视从事文学的儒生;不用那些遵纪守法的人,而去收留游侠刺客之类。如此所作所为,要使国家强盛是不可能的。天下太平收养儒生和游侠,危难来临需要战士,给予利益的人并不是国家所要用的人,而国家所要用的人又得不到好处。所以耕战之人荒废了自己的事业,而游侠和儒生却日渐变多,这就是社会混乱的根源。

且世之所谓贤者,贞信之行也;所谓智者,微妙之言也。微妙之言,上智之所难知也。今为众人法,而以上智之所难知,则民无从识之矣。故糟糠不饱者不务①粱肉,短褐②不完者不待文绣。夫治世之事,急者不得,则缓者非所务也。今所治之政,民间之事,夫妇所明知者不用,而慕上智之论,则其于治反矣。故微妙之言,非民务也。若夫贤贞信之行者,必将贵不欺之士;不欺之士者,亦无不欺之术也。布衣相与交,无富厚以相利,无威势以相惧也,故求不欺之士。今人主处制人之势,有一国之厚,重赏严诛,得操其柄,以修明术之所烛③,虽有田常④、子罕⑤之臣,不敢欺也,奚待于不欺之士?今贞信之士不盈于十,而境内之官以百数;必任贞信之士,则人不足官。人不足官,则治者寡而乱者众矣。故明主之道,一法⑥而不求智,固术⑦而不慕信。故法不败,而群官无奸诈矣。今人主之于言也,说⑧其辩而不求其当焉;其用于行也,美其声而不责其功焉。是以天下之众,其谈言者务为辩而不周⑨于用。故举先王言仁义者盈廷,而政不免于乱;行身者竞于为高而不合于功。故智士退处岩穴,归禄不受,而兵不免于弱,政不免于乱。此其故何也?民之所誉,上之所礼,乱国之术也。

【注释】

①务:追寻。

②褐:粗布做的衣服。

③烛:照,此处指明察。

④田常:齐国的陈恒,杀齐简公而立平公,擅长国政。

⑤子罕:宋国大臣,曾经劫持过宋君。
⑥一法:专注于法制。
⑦固术:专注于驭下之术。
⑧说:通"悦",喜欢。
⑨周:合。

【译文】

　　况且世人所说的贤能的人,是指诚信忠贞的行为;所说的明智的人,是指善于运用精微玄妙的言辞。精微玄妙的言辞,最聪明的人也很难理解。现在为百姓制定法律,却采用那些连最聪明的人也难以理解的言辞,这样民众就没有办法明白。因此,连糟糠都吃不饱的人,是不会去追求精美饭菜的;连粗布短衣都穿不上的人,是不会去想要华丽衣衫的。治理国家政务,如果紧急的事情还没有办好,那么可以从缓的就不必急着去办。现在这些用来治理国家的措施,凡是属于民间的事,普通人都明白的道理不去采用,却去追寻那些智慧高超的人的言论,这和治道是相悖的。因此那些深奥玄妙的言辞,不是百姓所需要的。至于推崇那些忠贞信义的品行,一定尊重那些诚实的人。而尊重诚实的人,也没有使人不去欺诈的办法。普通人之间彼此交往,没有巨额的财富可以互相利用,没有强大的权利可以互相威胁,因此才要寻求诚实不欺的人。现在君主处于统治地位,拥有国家全部的财富,重赏严罚,掌握国家大权,修治权术所能洞察的一切,即使有田常、子罕这样的臣子,也不敢欺骗他,又何必去寻找那些诚实不欺的人呢?现在忠贞信义之士不到十个,而国家需要为国效力的官吏却数以百计;如果一定要任用忠贞信义的人,那么实际人数就不能满足官制的需要。人数不能满足官制的需要,这样能够把政事治理好的官员就少,而把政事搞混乱的官就多了。因此明君的治国方法,在于专一法制,而不是寻求有智慧的人;固守驾驭臣下的方法,而不是欣赏忠信的人;所以法治就不会被破坏,而官吏们也不会有奸诈欺骗的行为了。现在君主对于臣子的言论,喜欢巧言善辩却不要求正确;对于臣下的办事行为,欣赏他的名声却不要求做出实际成效。所以天下的人说起话来总是力求巧言善辩,却一点也不切合实用。因此称颂先王、高谈仁义道德的人充满朝廷,而政局仍不免混乱;立身处世的人抢着标榜清高,却不符合耕战的功业。所以聪明的人隐居山林,归还发放的俸禄而不接受,而兵力不免被削弱,兵力被削弱,政局不免就会乱。这到底是怎么造成的呢?民众所赞扬的,君主所欣赏的,都是些让国家混乱的做法。

今境内之民皆言治,藏商、管之法者家有之,而国愈贫,言耕者众,执耒者寡也;境内皆言兵,藏孙、吴之书者家有之,而兵愈弱,言战者多,被甲者少也。故明主用其力,不听其言;赏其功,必禁无用。故民尽死力以从其上。夫耕之用力也劳,而民为之者,曰:"可得以富也。"战之为事也危,而民为之者,曰:"可得以贵也。"今修文学、习言谈,则无耕之劳而有富之实,无战之危而有贵之尊,则人孰不为也?是以百人事智,而一人用力。事智者众则法败,用力者寡则国贫。此世之所以乱也。故明主之国,无书简之文,以法为教;无先王之语,以吏为师;无私剑之捍①,以斩首为勇。是境内之民,其言谈者必轨于法,动作②者归之于功③,为勇者尽之于军。是故无事则国富,有事则兵强,此之谓王资④。既畜⑤王资而承敌国之衅,超五帝,侔⑥三王者,必此法也。

【注释】

①捍:通"悍",凶悍。

②动作:劳动,劳作。

③功:农耕。

④王资:君王大业的资本。

⑤畜:通"蓄"。

⑥侔:等齐,对齐。

【译文】

现在全国的百姓都在谈论如何治国,每家每户备有商鞅和管仲的法典,国家却越来越贫穷,根源就在于空谈耕作的人太多,而真正拿起农具耕种的人太少;全国的百姓都在谈论怎样打仗,每家每户都备有孙子和吴起的兵书,国家的兵力却越来越软弱,根源就在于空谈打仗的人太多,而真正穿起铠甲上战场的人太少。因此明君只使用民众的力量,不听信高谈阔论的谈话;赏赐人们的功劳,坚决禁止那些没有实际作用的言行;因此民众就会拼命为君主出力。耕种花费力气非常辛苦,而民众却愿意去做,说:"这样可以发财致富。"打仗是十分危险的事情,而民众却愿意去做,说:"这样可以让人显贵。"现在只要修习文章学术,学习言谈论辩,不需要辛苦地劳作就可以获得富足的实惠,不需要冒着危险去征战便可以得到显赫尊贵的官爵,谁不愿意这样干呢?所以一百个人从事于智力活动,却只有一个人付出辛苦去劳动。从事智力活动的人多了,法治就会被破坏;付出辛苦劳动的人少了,国家就会变得贫困。这就是社会所以混乱的根源。因此在明君的国家里,不会有学术的文献典籍,而用法律作为指导;不会有先王的言论,而把官吏作为老师;没有凶悍的游侠刺客,而只把杀敌立功称作勇敢。全国民众的一切言论都必须遵循法律,耕种的人回归于农耕,勇猛凶悍的人都投入军队中。所以太平时期国家就富足,战争时期兵力就会强盛,这就是成就君王大业的资本。既蓄积了成就君王大业的资本,又善于利用敌人的弱点,建立赶上三王、超过五帝的功业,肯定用的是这种方法。

今则不然。士民纵恣于内,言谈者为势于外,外内称①恶,以待强敌,不亦殆乎?故群臣之言外事者,非有分于纵衡之党,则有仇雠之忠②,而借力于国也。纵者,合众弱以攻一强也;而衡者,事一强以攻众弱也。皆非所以持国也。今人臣之言衡者皆曰:"不事大,则遇敌受祸矣。"事大未必有实③,则举图而委④,效⑤玺而请兵矣。献图则地削,效玺则名卑,地削则国削,名卑则政乱矣。事大为衡,未见其利也,而亡地乱政矣。人臣之言纵者,皆曰:"不救小而伐大,则失天下,失天下则国危,国危而主卑。"救小未必有实,则起兵而敌大矣。救小未必能存,而敌大未必不有疏,有疏则为强国制矣。出兵则军败,退守则城拔。救小为纵,未见其利,而亡地败军矣。

【注释】

①称:行,行为。

②忠:通"衷",心。

③有实:有实际的效果。

④委:交给。

⑤效:奉献,呈献。

【译文】

现在却不是这样的。儒士、游民在国内任意妄为,善言辞的人借助外势来壮大自己的实力,内外勾结一起作恶,这样来对付强大的敌人,难道不是太危险了吗?因此那些谈论外交问题的大臣,不是合纵或连横中的一派,就是内心怀有私仇,想要借助外国的力量来报仇。所谓合纵,就是联合其他众多弱小国家去攻打一个强大的国家;所谓连横,就是依附于一个强大的国家去攻打其他弱国。这些都不是治理国家的办法。现在那些支持连横的臣子们说:"不依附大国,一遇强敌就会有灾祸了。"侍奉大国不一定会有什么实际效果,先奉献出本国地图,呈上玺印来请求外国的军事援助。献出地图,本国的领土就缩小了;呈上玺印,君主的声望就下降了;领土缩小,国家实力就被削弱了;声望下降,政治上就会混乱了。依附大国实行连横,还看不到什么实际的好处,结果却已丧失了国土,搞乱了国内政治。那些支持合纵的臣子都说:"不救援小国去进攻大国,就失去了各国的信任;失掉了各国的信任,国家就会面临危险;国家面临危险,君主地位就下降了。"援救小国不一定会有实际效果,就想起兵去和大国为敌。援救小国未必能将他保存下来,而进攻大国不一定没有失误,一旦有误,就会被大国制伏。出兵就要打败仗,退守将会城破。援救那些小国实行合纵,尚且还看不到什么好处,结果丢失了土地,军队打了败仗。

是故事强则以外权士官于内,救小则以内重求利于外。国利未立,封土厚禄至矣;主上虽卑,人臣尊矣;国地虽削,私家富矣。事成则以权长重,事败则以富退处。人主之听说于其臣,事未成则爵禄已尊矣,事败而弗诛;则游说之士,孰不为用矰缴^①之说而徼幸其后?故破国亡主,以听言谈者之浮说。此其故何也?是人君不明乎公私之利,不察当否之言,而诛罚不必其后也。皆曰:"外事,大可以王,小可以安。"夫王者,能攻人者也;而安,则不可攻也。强,则能攻人者也;治,则不可攻也。治强不可责于外,内政之有也。今不行法术于内,而事智于外,则不至于治强矣。

【注释】

①矰(zēng)缴(zhuó):尾部带有生丝绳的箭,此处用来比喻猎取功名的手段。

【译文】

侍奉强国,那些搞连横的人就依靠外国势力在国内获取高官;援救小国,那些搞合纵的人就依靠国内势力从国外得到好处。国家没有得到利益,臣子倒先把封地和厚禄都得到了;国君地位降低了,臣子的地位却抬高了;国家的土地被削减了,个人却富有了。事情做成功了,就会依靠权势长期受到重用;事情失败了,就会依靠财富引退回家。君主听信臣子的游说,事情还没做成功,他们的爵位俸禄就已经很尊贵了;事情失败却没有受到处罚,那些游说之士谁不想要用猎取功名的手段谋求侥幸的成功呢?因此国破君亡,都是因为听信了纵横家浮夸的言辞。这是什么原因呢?这是由于君主分不清公私利益,不考察言论正确与否,失败之后也没有坚决地实行处罚。纵横家们便说:"从事外交活动,大的可以一统天下,小的也可以保证自身安全。"所谓统一天下,是能够打败别的国家;所谓保证安全,是指本国不受其他国家侵犯。兵强就可以打败别国,安定就不会被人侵犯。强盛和安定不可以指望外事,应关注内政。现在不在国内实行法术,却要在外交上大动脑筋,那么就无法实现安定富强。

鄙谚曰:"长袖善舞,多钱善贾。"此言多资之易为工①也。故治强易为谋,弱乱难为计。故用于秦者,十变而谋希②失;用于燕者,一变而计希得。非用于秦者必智,用于燕者必愚也,盖治乱之资异也。故周去秦为纵,期年③而举;卫离魏为衡,半岁而亡。是周灭于纵,卫亡于衡也。使周、卫缓其纵衡之计,而严其境内之治,明其法禁,必其赏罚,尽其地力以多其积,致其民死以坚其城守。天下得其地则其利少,攻其国则其伤大。万乘之国莫敢自顿④于坚城之下,而使强敌裁其弊也。此必不亡之术也。舍必不亡之术而道必灭之事,治国者之过也。智困于内而政乱于外⑤,则亡不可振也。

【注释】

①工:通"功",效果。

②希:通"稀",少、稀少。

③期(jī)年:一周年。

④顿:通"屯",安顿、驻扎。

⑤智困于内而政乱于外:应是"智困于外而政乱于内"。

【译文】

民间有句谚语说:"长袖善舞,多钱善贾。"这是说资本越多越容易获得功效。所以国家稳定强盛,谋事就易于成功;国家混乱衰弱,计策就很难实现。因此用于秦国的计谋,即便改变十次也很少失败;用于燕国的计策,即使改变一次也不易成功。并不是秦国使用的计策一定高明,在燕国使用的计策一定愚蠢,而是由于这两个国家的政治状况不同。因此西周背弃秦国参与合纵,只一年时间就被攻破了;卫国抛弃魏国参与连横,仅半年时间就灭亡了。这就是说西周亡是因为合纵,卫国灭亡是因为连横。假如西周和卫国暂缓合纵连横的计谋,而将国内政治严格整顿,严明法律禁令,信守赏罚制度,努力开发土地以增加国家积蓄,使民众拼死来守护城池。别的国家夺取他们的土地,好处也没多少;进攻这个国家,伤亡又非常大。即便是拥有万辆兵车的大国也不敢在坚城之下屯兵,从而使他的强敌借用他的疲困来攻击他。这是保证本国必然不会灭亡的方法。丢掉这种必然不会亡国的方法,却去做一定会招致亡国的事情,这是治国人的过错。外交陷入困境,内政陷入混乱,那么国家的灭亡就无法避免了。

民之故计,皆就安利如①辟②危穷。今为之攻战,进则死于敌,退则死于诛,则危矣;弃私家之事,而必③汗马之劳,家困而上弗论,则穷矣。穷、危之所在也,民安得勿避?故事私门而完解舍④,解舍完则远战,远战则安。行货赂而袭⑤当涂者则求得,求得则私安,私安则利之所在,安得勿就?是以公民少而私人众矣。

【注释】

①如:而,和。

②辟:通"避",避开。

③必:通"毕",尽,承受。

④解舍:解,通"廨"。廨舍,即房屋。

⑤袭:贿赂。

【译文】

人们的习惯想法,都是追求个人的安逸和私利而避开危险和穷困。如果现在让他们去打仗,前进就会被敌人杀死,后退要受军法的处置,这就处于危险之中了;放弃自己个人的家业,承受作战的辛苦,家里有困难而君主不予过问,就处于穷困之中。穷困和危险交加,民众怎会不逃避?因此他们投靠贵族卿大夫为他们修缮房舍,以求得免除兵役,免除兵役就能够远离战争,远离战争也就可以安全了。用钱财私下贿赂当权者就可以满足个人的心愿,欲望一旦满足了就得到了实际的利益,实际的利益明显摆在那里,百姓怎能不去追求呢?所以为公出力的人就少,而依附私门的人就多了。

夫明王治国之政,使其商工游食之民少而名卑,以趣①本务而外②末作。今世近习③之请行,则官爵可买;官爵可买,则商工不卑也矣。奸财货贾得用于市,则商人不少矣。聚敛倍农,而致尊过耕战之士,则耿介之士寡而高价之民多矣。是故乱国之俗:其学者则称先王之道以籍④仁义,盛容服而饰辩说,以疑当世之法而贰人主之心。其言谈者,为设诈称,借于外力,以成其私,而遗⑤社稷之利。其带剑者,聚徒属,立节操以显其名,而犯五官⑥之禁。其患御⑦者,积于私门,尽货赂而用重人之谒,退汗马之劳。其商工之民,修苦窳之器⑧,聚沸靡之财,蓄积待时而侔⑨农夫之利。此五者,邦之蠹也。人主不除此五蠹之民,不养耿介之士,则海内虽有破亡之国、削灭之朝,亦勿怪矣。

【注释】

①趣:通"趋",趋向。

②外:疏远,减少。

③近习:国君身边亲近的人。

④籍:通"藉",依靠。

⑤遗:忽略。

⑥五官:指司徒、司马、司空、司士、司寇这五官。

⑦患御:逃避服兵役的人。

⑧苦窳(yǔ)之器:粗劣的器物。

⑨侔,通"牟",加倍,增加。

【译文】

明君治理国家的政策,总是要使工商业者和游手好闲的人尽量减少并且名位卑下,以促使百姓趋向根本的农业,而疏远工商业等不重要的行业。现在社会上向君主亲近的侍臣行贿托情的风气十分流行,这样官爵就可以用钱来买到;官爵可以用钱来买,工商业者的地位就不会低下了。投机取巧和非法获利可以在市场上通行,那么商人也就不会少了。他们搜刮到的财富超出了农民收入的几倍,他们获得的尊贵地位也大大超过从事耕战的人,那么刚正不阿的人就会越来越少,而经营商业的人也就越来越多。所以,造成国家混乱的风气是:那些著书立说的人,称引先王之道来宣传仁义道德;讲究仪容和服饰而修饰言辞,用以扰乱现在的法令，因而动摇君主决心。那些纵横家们，总是弄虚作假，招摇撞骗，借助国外势力来达到个人的目的，而忽视国家利益。那些刺客游侠，聚集党徒，标榜气节，以图显身扬名，结果触犯国家禁令。那些逃避兵役的人，依附于贵族卿大夫，任意行贿而借助于重臣的请托，逃避从军作战的辛劳。那些工商业者们，制作粗劣的器具，积累奢侈的资财，囤积物品待机出售，所得到的利益比农民多几倍。上述这五种人，都是国家的蛀虫。君主若不除掉这五种蛀虫一样的人，不培养刚正不阿的人，那么，天下即便出现破败覆亡的国家、地削名除的朝廷，也不足为奇了。